<마크로스> 시리즈를 소개하며

<마크로스> 시리즈는 일본에서 1982년 방영된 「초시공요새 마크로스」를 시작으로 40여년에 걸쳐 많은 작품들을 선보이며 사랑받아온 전통의 SF 애니메이션 시리즈이다.
당시 유행하던 SF 로봇 애니메이션의 기□□□□□□□□□□□□□□는 찾아볼 수 없던 개성적인 설정들을 추가한 <마크로스> 시리즈는 3개의 주□□□□□□□□□□□□□즈를 관통하는 테마로 하고 있다. 이 책에서는 이 세 개의 테마를 중심으로 <□□□□□□□

첫 번째 테마인 '노래'는 그 자체로 '힘'을 □□□□□□. 단순히 작품 설정상의 '힘' 뿐만 아니라 시대의 노래가 지닌 '힘'을 반영했다는 점도 특징이다. 80년대 여성 솔로 아이돌의 유행을 시작으로 이후 시대의 유행에 맞는 밴드 음악, 여성 아티스트의 음악을 거쳐 최신 유행하는 여성 보컬 그룹의 음악까지, 시대를 대표하는 음악을 반영하였고, 수많은 히트 송들을 만들어내 세대를 뛰어넘는 감동을 전해주는 원동력이 되었다.

두 번째 테마 '사랑'은 어느 작품에나 쓰이는 소재이지만, <마크로스> 시리즈에서는 주로 삼각관계를 통한 캐릭터들의 관계성을 그려내어, 이들의 관계 변화에 따라 스토리의 다채로움과 깊이를 더했고, 보는 이들로 하여금 캐릭터에의 감정이입을 보다 강하게 느낄 수 있도록 만들어주고 있다.

마지막 세 번째 테마 '전투'는 다른 작품에서는 찾아볼 수 없는 독특한 3단 가변전투기 VF(배리어블 파이터) '발키리'를 통해 펼쳐지고 있다. 사실적이면서도 화려하고 박진감 넘치는 공중전은 기술적 진보와 맞물려 끊임없이 발전해오며 애니메이션 팬들의 눈높이를 끌어올려 왔다고 할 수 있다.

<마크로스> 시리즈는 40주년을 맞아 처음으로 한국에 정식 소개하게 되었다.
<마크로스> 시리즈의 팬들에게는 길었던 기다림의 시간이었고, <마크로스> 시리즈를 모르는 이들에게는 이제야 자신을 알리는 한 걸음이 되었다. 늦었지만 이제라도 <마크로스> 시리즈와 함께 같은 시간을 지낼 수 있게 되었다는건 애니메이션을 사랑하는 많은 팬들에게 반가운 소식이라 할 수 있을 것이다.

목차

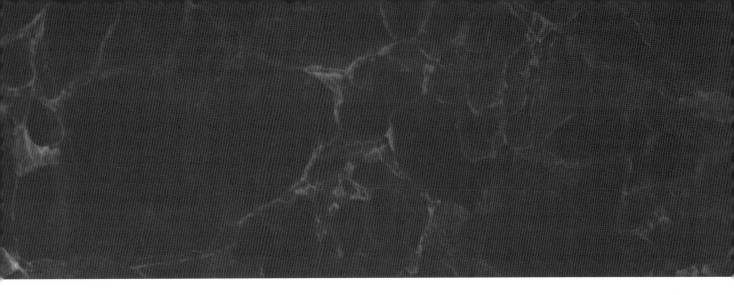

MACROSS
Flash Back 2012

Lynn Minmay
C O N C E R T

〈초시공요새 마크로스 Flash Back 2012〉라이너 노트 표지

OVA〈초시공요새 마크로스II -LOVERS AGAIN-〉발매고지 포스터
일러스트 미키모토 하루히코 [美樹本晴彦]

AD.2040 The STORY begins on the planet Eden.

MACROSS PLUS

INTERNATIONAL VERSION （英語吹替・日本語字幕版）

Vol.1 VIDEO & LD 3.25 ON SALE

COLOR/40min/STEREO-HiFi (LD:DIGITAL-STEREO/CAV)

VC : BES-1190 / LD : BEAL-782 / ¥ 5,974 (Tax in) / ¥ 5,800 (Tax out)

- アメリカで大好評発売中の英語吹替版・日本語字幕付！
- セリフはもちろん、本編中の歌もすべて英語ヴァージョン！
- お求めやすいコレクションプライス！（¥5,800）
- オリジナル描き下ろしジャケット！
- 英語のセリフと日本語を比較して楽しめる対語ブックレット付

 お問い合わせ バンダイビジュアル株式会社　東京本社：〒111 東京都台東区松が谷1-3-5 SEFビル3階　[札幌営業所] TEL (011) 242-3051　FAX (011) 242-3050　[大阪営業所] TEL (06) 375-4325　FAX (06) 375-4330
[東京営業所] TEL (03) 5828-3001　FAX (03) 5828-3010　[名古屋営業所] TEL (052) 953-3231　FAX (052) 953-3232　[福岡営業所] TEL (092) 724-0661　FAX (092) 724-0660

OVA 〈마크로스 플러스〉발매 고지 포스터

銀河よ　オレの歌を聞け

AD2045

©ビックウエスト／マクロス7製作委員会

マクロス7
MACROSS

©ビックウエスト／マクロス7製作委員会

MBS‐TBS 系全国27局ネット
毎週日曜午前 **11：00～11：30**

10月16日（日）スタート

〈마크로스7〉방송고지 포스터
일러스트 미키모토 하루히코 [美樹本晴彦] / 카와모리 쇼지 [河森正治]

マクロス7 ダイナマイト

キミは誰とキスをする？

マクロス Frontier
マクロスフロンティア

2008年4月より、MBS・TBS系10局にて放送スタート!

T　B　S	毎週(金) 25:55〜26:25	北海道放送 毎週(月) 26:25〜26:55	山陽放送 毎週(月) 26:25〜26:55
M　B　S	毎週(木) 25:25〜25:55	東北放送 毎週(金) 26:15〜26:45	熊本放送 毎週(日) 25:50〜26:20
中部日本放送	毎週(木) 26:30〜27:00	静岡放送 毎週(金) 26:15〜26:45	
RKB毎日放送	毎週(月) 26:30〜27:00	中国放送 毎週(土) 26:40〜27:10	

マクロスF情報は、
www.macrossf.com
(PC・携帯)にアクセス!!

※各局の放送時間は変更になる場合がございます。詳しくは、ご覧になるエリアの局情報、新聞等でご確認ください。

〈マクロスF〉放送告知ポスター
イラスト エバタ リサ [江端里沙]

歌で銀河が救えるわけないでしょ

劇場版
マクロス 虚空歌姫
〜イツワリノウタヒメ〜

2009年11月21日(土)より全国ロードショー

macrossf.com

歌は死なない。

劇場版
マクロスF 恋離飛翼
～サヨナラノツバサ～

2011年2月26日 全国ロードショー

macrossf.com

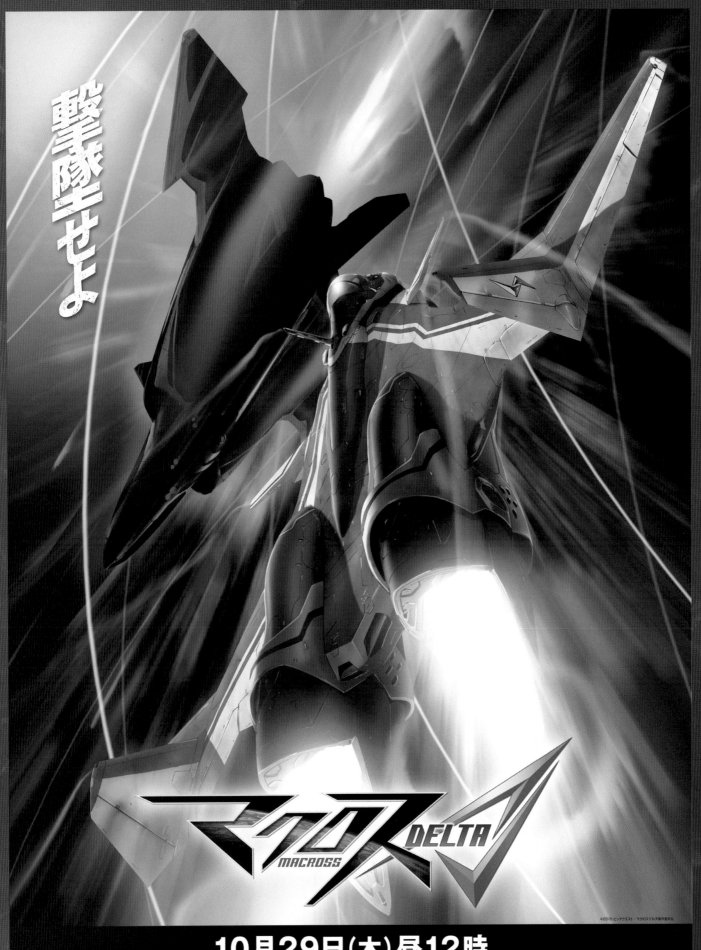

撃墜せよ

マクロス DELTA
MACROSS

10月29日(木)昼12時
製作発表会 ライブ配信決定!

macross.jp

超えろ限界（ボーダーライン）

マクロス DELTA
MACROSS

銀河争奪歌合戦

<마크로스> 시리즈는 어떻게 탄생했는가?

<마크로스> 시리즈는 1980년 8월에 스튜디오 누에에서 TV용 SF 애니메이션 기획으로 제출한 「제노사이더스」라는 제목의 기획서가 출발점이라고 할 수 있다. 이 「제노사이더스」 기획은 스튜디오 누에의 주특기인 본격 하드 SF 작품으로 기획되었는데, 내용이 본격적인 만큼 시청자의 흥미를 끌 만한 화려한 요소가 모자라서 당시 TV용 애니메이션 작품의 주된 스폰서였던 완구나 모형 메이커로부터 긍정적인 반응을 얻지 못했다. 이 때문에 스폰서들의 흥미를 끌고 더불어 「제노사이더스」를 띄우기 위해 황급히 새로운 기획을 만들었는데, 이 기획에 '변형하는 거대 우주전함', '전함 안의 시가지', '거대 외계인 적군'의 요소들이 투입되었고, 거대전함의 명칭을 따와 「배틀 시티·메가로드*」라고 명명되었다

본편 기획 「제노사이더스」를 띄우기 위한 들러리 기획으로 만들어진 「메가로드」는 스폰서의 흥미를 끄는 데에는 성공했지만 오히려 「제노사이더스」를 제치고 채용되어 버렸다. 원래는 가벼운 분위기에 패러디 색이 짙었던 기획 내용이, 지구의 운명을 건 우주전쟁과 그 안에서 벌어지는 주인공 캐릭터들의 연애 드라마(삼각관계)를 주축으로 하는 방향성으로 수정되었다.

주인공 메카닉에 대해서도, 원래 「메가로드」용으로 기획된 변형하는 우주전투기 '브레스트 파이터'를 버리고 F-14와 비슷한 전투기에서 인간형 로봇으로 변형하는 기구를 고안했다. 그리고 「제노사이더스」의 주역 메카로 사용 예정이던 '거워크'(A-10 공격기에 다리가 달린 형태의 전투기) 형태로도 되는 3단변형 기구를 고안해 현재의 '발키리'의 기본적인 형태가 만들어졌다.

그리고 '전함 안의 시가지'에 대해서는 카와모리 쇼지 씨가 참가했던 일본-프랑스 합작 애니메이션 「우주선장 율리시즈(宇宙伝説ユリシーズ31)」 기획시 제출했지만 채용되지 못했던, 우주전함 안에 시민이 거주하는 도시를 넣는다는 안을 활용해 만들어낸 것이 현재의 마크로스 함의 원형이 되었다.

작품 제목은 원안인 「메가로드」에서 「마크로스」로 변경되었으나, 「메가로드」라는 명칭은 훗날 1987년에 제작된 OVA 「초시공요새 마크로스 Flash Back 2012」에서 마크로스 급 2번함 '메가로드-01'로서 부활하게 된다.

---

* 카와모리 쇼지 씨에 의하면 「메가로드」라는 명칭은 '위대한 길(Mega Road)'과 '적재과잉(Mega Load)'이란 말을 섞어서 만들었다고 한다.

<마크로스> 시리즈의 세계

<마크로스> 시리즈는 '노래', '가변전투기', '삼각관계'가 특징인 애니메이션 시리즈이다. 여기에서는 한국에서 공식 소개된 「마크로스 F(프론티어)」, 발표될 「마크로스 플러스」와의 관계를 중심으로 시리즈 소개를 하려 한다.

문화평론가 이이다 이치시(飯田一史)

라이터, 한국에 번역된 저서로 <웹소설의 충격>, <만화 잡지는 죽었다, 웹만화 전성시대>, 미번역 저서로 <'젊은이들의 독서 기피'라는 거짓말>, <라이트노벨 크로니클 2010-2021> 등이 있다. 고등학생 때에 <천공의 에스카플로네>를 보고 충격을 받은 뒤 칸노 요코, 사카모토 마아야, 카와모리 쇼지 참가작을 계속 보는 중이다. 특히 좋아하는 마크로스 캐릭터는 란카 리, 프레이아 비온, 넥키 바사라.

■ 「초시공요새 마크로스」
[超時空要塞マクロス]

방송 : 1982년 10월 3일~1983년 6월 26일 총36화
기획 : 오니시 요시마사(大西良昌)
프로듀서 : 이노우에 아키라(井上明), 이와타 히로시(岩田弘)
치프 디렉터 : 이시구로 노보루(石黒昇)
캐릭터 디자인 : 미키모토 하루히코(美樹本晴彦)
메카닉 디자인 : 미야타케 카즈타카(宮武一貴),
　　　　　　　카와모리 쇼지(河森正治)
시리즈 구성 : 마츠자키 켄이치(松崎健一), 이시구로 노보루,
　　　　　　토미타 스케히로(富田祐弘),
　　　　　　오오노기 히로시(大野木寛) 외
캐릭터 작화 감독 : 미키모토 하루히코
메카 작화감독 : 이타노 이치로(板野一郎)
음악 : 하네다 켄타로(羽田健太郎)
음향감독 : 혼다 야스노리(本田保則)
제작 : 마이니치 방송(毎日放送), 타츠노코프로(タツノコプロ)

아이돌의 성장과 주인공들의 연애 관계, 외계인과의 전투로 묘사되는 이문화와의 충돌, 문화를 통한 상호 이해라는 테마를 다루며 대히트를 한 「초시공요새 마크로스」.

과연 어떤 이유로 이런 작품이 등장하게 되었는지 당시의 시대적 배경을 통해 살펴보자.

외계인 가밀러스의 공격으로 방사능에 오염된 지구를 구하기 위해 지구인들이 머나먼 이스칸다르 행성까지 방사능 제거장치를 찾아가는 모습을 그린 TV애니메이션 「우주전함 야마토(宇宙戦艦ヤマト)」(1974~1975년 방영)가 77년에 극장판이 공개되어 젊은이들 사이에서 큰 인기를 끌었고, 기존의 '아동용'에서 '청소년용'으로 대상연령이 바뀐 SF적인 리얼리티와 미묘한 인간 감정을 중시한 로봇 애니메이션 「기동전사 건담」(1979~1980년 방송. 81~82년 동안 극장판 3부작 공개)이 히트하며 10대를 중심으로 '애니메이션 붐'이 일어났다. 또 1978년에 일본에 소개된 「스타워즈」, 「미지와의 조우」가 기폭제가 된 SF붐도 있었다.

또한 1980년 마츠다 세이코(松田聖子)의 데뷔와 「푸른 산호초(青い珊瑚礁)」의 대히트로 아이돌 문화가 활성화되었다(당시 일본에서 '아이돌'은 솔로 가수겸 배우가 대부분이었다. 그룹이 일반화된 것은 1985년 데뷔한 오냥코클럽(おニャン子クラブ)이후이다).

이런 'SF', '로맨틱 코미디', '아이돌' 문화를 겪은 당시 10대 후반~20대의 젊은이들이 주축이 되고 「야마토」에 참여했던 이시구로

노보루 감독이나 사운드트랙을 맡은 하네다 켄타로 같은 베테랑 연장자들의 뒷받침으로 탄생한 것이 「TV판 마크로스」이다.

이 작품의 특징을 '노래', '삼각관계', '가변전투기'의 관점에서 정리해보자.

·노래

애니메이션 평론가이자 연구가인 히카와 류스케(氷川竜介)는 "가수의 성장과정을 드라마의 축으로 한 점, 가수가 성우를 겸해 음반 세일즈를 염두에 두고 있는 점, 삽입곡을 정교하게 스토리와 연동시키고 있는 점, 가창용 무대 구축이나 라이브 연출, PV적인 컷처리 등 요즘 아이돌 애니메이션의 기준이 된 표현을 대량으로 발견할 수 있다."고 「마크로스 음악의 전궤적1982-2018」에서 지적한다.

SF와 아이돌이란
소재를 합쳐 표현한
애니메이션은
「TV판 마크로스」가 최초였다

린 민메이의 디자인에는 당시 절대적 인기를 자랑하던 아이돌 마츠다 세이코나 나카모리 아키나(中森明菜)가 투영되어 있는데, 애니메이션에서 노래도 맡게 할 것을 염두에 두고 오디션으로 당시 19세의 신인 이이지마 마리(飯島真理)가 민메이 역으로 선발되었다. 3rd앨범 「MISS D.J.」는 '민메이의 라디오 방송'이란 컨셉으로 구성하는 등 마치 현실에 이런 캐릭터가 실존하는 듯한 판매방식을 취했던 것은 애니메이션 음악사에서 획기적인 일이었다.

아이돌 애니메이션으로서 「TV판 마크로스」가 특이한 점은 '전설의 아이돌'이 성장해 전성기를 맞고 몰락해가는 현실에서도 일어날 수 있는 일을 묘사하고 있다는 점이다. 「마크로스F」의 '초시공 신데렐라' 란카 리가 중화요리점의 아르바이트생이었다가 오디션을 거쳐 톱스타가 되기까지의 모습, '은하의 요정' 셰릴 놈이 몰락해가는 모습 등 〈마크로스〉 시리즈에는 이러한 표현이 자주 등장한다.

·삼각관계

1978년 야나기사와 키미오(柳沢きみお)가 「주간 소년 매거진」에 연재한 「꿈꾸는 열다섯(翔んだカップル)」을 시작으로 아다치 미츠루의 「미유키(みゆき)」(1980년 연재개시)를 비롯해 소년만화 잡지, 청년만화 잡지에서 사춘기 청소년들의 연애상(삼각관계)를 그린 '로맨틱 코미디' 붐이 일어났다. 본편에서 캐릭터 간의 삼각관계 로맨틱 코미디가 등장한 데에는 이런 배경이 있다. SF와 아이돌이란 소재를 합쳐 표현한 애니메이션은 그 전까지는 나오지 않았다.

·가변전투기

〈마크로스〉 시리즈에 등장하는 가변전투기는 지구통합군이 외계인과의 전투시 사용하는 주역 메카로, 추락한 전함이 가져온 첨단 기술 OTM(Over Technology of Macross)을 이용해 개발되었다.

삼단변신 기믹은
차별화를 위해 생겨났다

VF(배리어블 파이터)란 전투기[파이터]와 인간형 로봇[배트로이드], 그 중간 형태[거워크]의 삼단 변신을 하는 가변전투기이다. 카와모리 쇼지에 따르면, 삼단변신 기믹은 소형 전투기가 변신하여 로봇[모빌슈츠]의 콕핏이 되는 「기동전사 건담」과 차별화하기 위해 생겨났다고 한다. F-14와 F-15를 이미지한 메카이지만 장난감 발매를 고려해 디자인 되었고, 스폰서인 완구 메이커 타카토쿠 토이스에서 발매된 변신 완구가 큰 인기를 끌고 있었다.

70년대까지 로봇 애니메이션에서는 「마징가 Z」, 「겟타로보」처럼 주인공 메카가 슈퍼 히어로처럼 묘사되었다. 「건담」에서는 최초로 양산형 병기 거대 로봇이 묘사되긴 했지만 '주인공에게 특별한 기체가 주어진다'는 전제는 답습되고 있다. 이 작품의 주인공은 넘버원 파일럿조차도 아니고, 그 역할은 선배나 후배 동료들이 맡는다는 점에서 그때까지의 로봇 애니메이션과는 달랐다.

또 〈마크로스〉 시리즈하면 대량의 미사일이 종횡무진 화면 속을 날아다니는 묘사로 유명한데, 이 연출을 고안한 애니메이터 이타노 이치로의 이름을 딴 '이타노 서커스'라 불리고 있다. 이타노의 연출은 화려함과 리얼리티를 동시에 추구하고 있다. 자위대의 화력연습을 견학하는 등 실제 병기를 가까이서 관찰하여, G[중력]로 사람이 괴로워하는 묘사 등을 애니메이션에서 표현했다.

문화를 갖지 못한 외계인이 지구인의 문화를 접하고 충격을 받는다는 묘사는 북한 병사가 한류 드라마에 빠져 서울에 잠입해 컬쳐쇼크를 받는다는 드라마 「사랑의 불시착」 등과 유사하다. 뿐만 아니라 냉전기의 동서 독일에서는 실제 비슷한 일들이 일어났다. 현실에는 없는 개그, 코미디 같은 묘사가 실제 현대 사회에 존재하는 일들을 생각나게 하기도 한다. 이 점이 〈마크로스〉 시리즈의 특징이다.

문화를 갖지 못한 외계인은 태고에 멸망한 선사문명이 유전자 조작으로 만들어낸 전투민족이며, 인류 역시 외계인과는 다른 유전자 조작을 통해 고도의 지능을 갖도록 진화된 존재이다. 전혀 달라 보이는 인류와 외계인은 사실 뿌리가 거의 같고 유전자상으로도 거의 차이가 없어, 서로 사랑하고 아이를 낳을 수도 있다. 이런 〈마크로스〉 시리즈의 설정은 같은 민족이 이데올로기나 권력자의 사정에 의해 분단된 실제의 국제사회, 혹은 인종차별이나 다른 문화를 가진 사람들간의 무이해에 대한 제작자들의 메시지로도 해석할 수 있다.

■「초시공요새 마크로스
사랑·기억하시나요」

[超時空要塞マクロス 愛・おぼえていますか]

1984년 7월 21일 공개.
제작 : 오니시 요시마사, 요시다 켄지(吉田健二)
원작 : 스튜디오 누에(スタジオぬえ)
감독 : 이시구로 노보루, 카와모리 쇼지
스토리 구성·각색 : 카와모리 쇼지 / 각본 : 토미타 스케히로
캐릭터 디자인 : 미키모토 하루히코
프로덕션 디자인 : 미야타케 카즈타카
작화감독 : 미키모토 하루히코, 이타노 이치로, 히라노 토시키(平野俊弘)
음악 : 하네다 켄타로
연출 : 아키야마 카츠히토(秋山勝仁), 카사하라 타츠야(笠原達也),
　　　사오토메 유우사쿠(五月女有作)
색지정 : 유이 아츠코(由井あつ子), 키타가와 아케미(北川明美)
기획·제작 : 빅웨스트(ビックウエスト), 타츠노코 프로,
　　　마이니치 방송, 쇼가쿠칸(小学館)
배급 : 토호(東宝)

이 해에 공개된 미야자키 하야오 감독의 「바람계곡의 나우시카(風の谷のナウシカ)」, 오시이 마모루 감독의 「시끌별 녀석들2 뷰티풀 드리머(うる星やつら2 ビューティフル・ドリーマー)」와 함께 일본 애니메이션사와 오타쿠 문화사에서 중요한 작품이 바로 이 작품이다.

TV애니메이션을 영화화한 것이지만, 당시 일반적이었던 TV총집편이 아니라 완전히 신작으로 제작되었다. 이시구로와 공동감독이 된 카와모리는 이때 겨우 23세였다. 참가한 스탭들은 TV판에서는 납득하지 못했던 퀄리티 부분까지 꼼꼼히 챙겼다. TV판과 극장판을 비교해 보면 일목요연하지만, 연출과 작화의 퀄리티가 너무나 차이가 난다. 예를 들어, 이타노는 파일럿마다 기체의 개성을 연출하거나 대기권 내와 우주에서의 기동의 차이를 표현하고 있다. 또 「극장판 마크로스」에서 민메이가 노래 부르는 장면은 모두 안무가가 동작들을 만들고, 그 제자가 춤추는 모습을 카메라로 촬영한 것을 기초로 작화한 것이다.

〈마크로스〉 시리즈에서는 「TV판 마크로스」, 「극장판 마크로스」처럼 「마크로스F」, 「마크로스Δ」에서도 TV판과 극장판의 설정과 스토리 전개가 다르다. 그럼에도 시리즈를 관통하는 연표가 존재해 거기에는 역사적인 일들이 기록되어 있다. 카와모리 쇼지에 따르면, 이는 TV시리즈도 극장판도 모두 '실제 일어난 사건을 기반으로 만들어진 픽션'이기 때문이라고 한다. 역사적 사실에 기초하여 조선왕조의 역사를 그린 드라마에서도 각 작품마다 동일 인물에 대한 해석이나 연출에 큰 차이가 있는 것과 같다고 생각하면 될 것이다.

이 작품에서는 명곡 〈사랑·기억하시나요〉가 탄생했다. 작품 안에서는 물론이고 현실에서도 대히트하여 지금까지도 〈마크로스〉 시리즈를 대표하는 명곡의 하나가 되었다.

■「초시공요새 마크로스 Flash Back 2012」

[超時空要塞マクロス Flash Back 2012]

1987년 6월 21일 발매
구성 : 카와모리 쇼지
캐릭터 디자인·작화감독 : 미키모토 하루히코

「TV판 마크로스」와 「극장판 마크로스」의 영상을 기본으로 신규 작화를 섞어 편집된 린 민메이의 뮤직비디오집. 「극장판 마크로스」 엔딩에서 사용될 예정이었지만 실현되지 못했던 환상의 라이브 장면인 「천사의 그림물감(天使の絵の具)」을 신규 작화로 그려낸 것이 핵심이다.

성장한 민메이, 항공대장이 된 히카루, 메가로이드-01의 함장이 된 미사도 그려져 「극장판 마크로스」의 후일담으로도 볼 수 있다.

이 작품 이후 카와모리는 잠시 〈마크로스〉 시리즈와 거리를 두지만 속편을 바라는 팬들의 목소리가 거세어 반다이비쥬얼[당시]의 타카나시 미노루(高梨実) 프로듀서와 빅웨스트가 OVA시리즈 「초시공요새 마크로스Ⅱ - LOVERS AGAIN-」을 제작한다.

■「초시공요새 마크로스II -LOVERS AGAIN-」

[超時空要塞マクロスII -LOVERS AGAIN-]

1992년 5월 21일~11월 21일 발매 총6화
감독 : 야타가이 켄이치(八谷賢一)
캐릭터 디자인 : 미키모토 하루히코
메카 디자인 감수 : 오오하타 코이치(大畑晃一)
컨셉 디자인 : 와타베 타카시(渡部隆)
시리즈 구성 : 토미타 스케히로
OP애니메이션 : 오바리 마사미(大張正己)
작화감독 : 타나카 마사히로(田中正弘),
　　　　　오바리 마사미,
　　　　　아라키 히데키(荒木英樹),
　　　　　시노 마사노리(筱雅律),
　　　　　타키가와 카즈오(滝川和男) 외
미술감독 : 나카하라 히데노리(中原英統)
촬영감독 : 코니시 카즈히로(小西一廣)
음악 : 사기스 시로(鷺巣詩郎)
제작 : AIC, 오니로(オニロ)

서기 2090년. 「TV판 마크로스」에서 묘사된 1차 성간전쟁으로 부터 80년 뒤, 지구인과 젠트라디는 지구에서 평화롭게 공존하고 있었다. 하지만 노래로 젠트라디를 조종하는 외계인 마르두크가 지구를 습격하여 통합군과 전쟁이 시작된다.

신참 프리 저널리스트(TV리포터) 칸자키 히비키는 적의 노래 때문에 통합군의 민메이 디펜스—외계인에 대항해 노래로 전력을 깎아내리려는 시도—가 와해되는 모습을 목격한다. 선배 저널리스트와 함께 적 전함에 돌입한 히비키는 거기에 잠들어있던 여성 이슈탈과 만나게 되고, 지구에 함께 데리고 온다. 그녀는 멜트란디가 아니라 적의 노래하는 무녀[이뮬레이터]였다.

히비키가 선배와 함께 결사의 각오로 적 전함에서 촬영한 영상이 통합군의 정보통제로 인해 보도되지 않자 히비키는 강한 분노를 느낀다.

한편, 전투의 노래만 알던 이슈탈은 히비키를 만나면서 지구의 문화나 사랑 노래에 충격을 받고, 동포들에게도 다양한 노래를 알려주고 싶어하며 점점 히비키에게 매력을 느끼게 된다. 하지만 히비키는 마르두크에게 납치당하고, 통합군의 에이스 파일럿인 멜트란디의 피를 이은 실비 지나와 함께 탈출하면서 서로 호의를 갖게 된다.

주인공들이 군이나 정부의 정보은폐로 분개하는 전개는 「TV판 마크로스」에도 있지만 「마크로스II」에서는 보다 명확하게 하나의 주제로 등장한다. 이는 1980년 광주민주화 운동이나 오랫동안 회자되는 검찰의 부패를 경험하고 있는 한국인에게도 무관하지 않은 테마일 것이다.

캐릭터 디자인을 한 미키모토 하루히코나 각본가 토미타 스케히로는 참가했지만 카와모리 쇼지나 이타노 이치로 등은 참가하지 않아서 오랫동안 '정식 속편'이라기 보다 '패러럴 스토리' 정도의 취급을 받았던 것이 이 작품이다(지금은 정식 역사에 포함되어 있다).

노래, 삼각관계, 가변전투기

이 작품에서는 잡다한 요소로 가득했던 「TV판 마크로스」 때부터 '노래', '삼각관계', '가변전투기'를 〈마크로스〉 시리즈에 빼놓을 수 없는 요소로 명확히 보여주어 이후의 시리즈로 이어지게 한 공적이 있다.

후속작품에 이어진 것으로는 그 외에 '주인공 편 뿐만 아니라

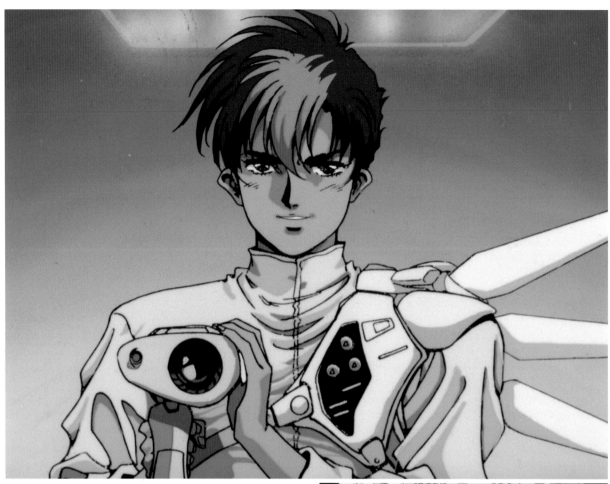

상대편도 노래를 사용한다'는 설정이 있는데 「마크로스F」, 「마크로스Δ」에도 등장한다. 「마크로스Ⅱ」에서는 통합군도 '오퍼레이션 민메이'(노래로 컬쳐쇼크를 준다)를 실행한다. 즉 '문화적인 충격을 주어 전의를 잃게 하는 힘을 지닌 노래'라는 「TV판 마크로스」의 설정에 비해 '전쟁 도구로서의 노래', 노래가 긍정적인 결과 뿐만 아니라 사용 방식에 따라서는 두려울 정도의 힘을 지닌다는 설정이 최초로 묘사되었다.

〈마크로스〉 시리즈의
빼놓을 수 없는
주요 요소로 자리매김 했다

이 작품과 「마크로스 플러스」의 발매형태인 OVA(Original Video Animation)는 TV방송을 전제로 하지 않고 패키지 판매나 비디오 대여점(이후 DVD 대여점)에서만 유통하는 애니메이션 형태이다. 1983년 오시이 마모루 감독의 「달로스(ダロス)」부터 시작해 90년대 초부터 중반까지(이후 심야 애니메이션이 늘어나기 이전 시기에) 특히 융성했다.

70년대 중반에 등장한 비디오덱은 80년대에 널리 보급되었는데, 그때까지 패키지 미디어로 작품을 소유하지 못했던 애니메이션 팬들은 몇 번이고 반복해 볼 수 있는 비디오 테입의 등장에 열광했고, 반복 시청을 전제로 하이 퀄리티의 애니메이션을 바랬다.

1화당 제작 예산이 적은 TV시리즈와는 달리 OVA는 화수는 적은 대신 1화당 사용가능한 예산이 풍부했고, 작화와 음악에서 TV시리즈 이상으로 작가성을 내보일 수가 있었다. 사운드트랙을 담당했던 사기스 시로는 이후 「신세기 에반게리온」을 맡아 알려졌지만, 이 작품에서는 글로벌 뮤직이나 월드 뮤직을 채용하려고 했다. 음악 프로듀서인 사사키 시로의 반대 때문에 부분 채용에 그쳤지만, 이 작품에서의 시행착오가 있었기에 「마크로스 플러스」에서 애니메이션 음악사상 혁신적인 사운드가 허용되었다고 해도 과언이 아니다.

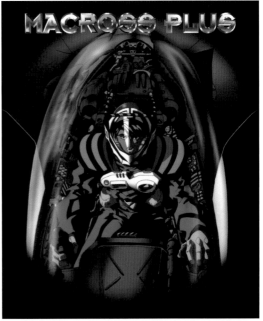

1994년 8월 25일 ~ 1995년 6월 25일 총4화
원작 : 스튜디오 누에, 카와모리 쇼지
각본 : 노부모토 케이코(信本敬子)
총감독·메카닉 디자인 : 카와모리 쇼지
감독 : 와타나베 신이치로(渡辺信一郎)
오리지널 캐릭터 디자인 : 마사유키(摩砂雪)
특기감독 : 이타노 이치로
미술감독 : 하리우 카츠후미(針生勝文)
음향감독 : 미마 마사후미(三間雅文)
프로듀서 : 타카나시 미노루
음악 : 칸노 요코(菅野よう子)
무대설정·메카니컬 설정 : 미야타케 카즈타카
제작 : 트라이앵글 스태프(トライアングルスタッフ)

카와모리 쇼지는 "같은 걸 두 번 하지 않는다"는 신조가 있어서 오랫동안 '마크로스는 더 이상 하지 않는다'고 마음먹고 있었다. 하지만 반다이 비쥬얼[당시]의 타카나시 미노루 프로듀서는 몇 번이나 카와모리를 설득하려고 했다.

어느 날 카와모리는 '노래 부르며 싸우지 않는 파일럿'이라는 참신한 컨셉을 생각했다. 그래서 『TV판 마크로스』의 모든 걸 바꾸겠다'는 각오로 기획을 키워나갔다. 하지만 아마 기존 팬들의 반발을 생각한 카와모리는 〈마크로스〉 시리즈 팬이나 밀리터리 애니메이션 애호가를 위해 '대기권 내에서의 VF의 공중전투 묘사'에 힘을 주는 작품도 하나 더 기획한다. 그리고 두 개를 동시에 제안하면 아무래도 거절이 가능할 것이라 생각해 타카나시에게 주었는데, "둘 다 합시다"라고 해서 전자가 「마크로스7」, 후자가 「마크로스 플러스」로 결실을 맺게 되었다.

「마크로스 플러스」는 유인전투기 시대의 종막과 무인전투기의 대두, 인간의 노래나 감정을 학습한 인공지능을 이용해 인기를 얻는 버추얼 아이돌, AI의 폭주라는 선구적인 소재를 다루며 일본 애니메이션으로서는 일찍이 CG를 도입하는 등 기술적으로 진보적인 시도를 한 작품이다. 동시에 〈마크로스〉 시리즈 최후의 수작업 메카액션 작화이며, 수작업 애니메이션에 의한 공중전 표현의 최고봉으로 애니메이션사에 이름이 드높은 작품이기도 하다.

배경은 인류가 최초로 이민 행성으로 개척한 에덴 행성이다. 「TV판 마크로스」에서 그려진 인류와 젠트라디간의 '1차 성간전쟁'이 끝나고 공존하게 된 인류와 젠트라디는 폐허가 된 지구를 떠나 이민

지를 찾기 위해 먼 우주로 초장거리 함대들을 출항시켰는데, 그 중 하나가 에덴에 식민지를 개척한 것이다. 이 에덴에서 나고 자라 외부로 나간 뒤 다시 돌아온 20대 전후반의 청년들의 스토리이다.

서기 2040년, 에덴에서는 통합우주군의 차기 주력 가변전투기 개발계획 '슈퍼노바'의 최종 선정시험이 진행되고 있었다. 통합군 파일럿인 이사무 다이슨은 조종 능력은 발군이지만 협조성이 결여되어 있었다. 그래서 귀찮은 존재를 치워버리듯 실험·평가부대에 YF-19의 테스트 파일럿으로 전근을 명령받고 고향인 에덴으로 내려간다. 이 YF-19와 정식 채용기 자리를 다투는 YF-21의 개발과 테스트 파일럿을 맡고있는 강직한 얼굴의 걸드 고어 보먼도 에덴에서 기체를 시험하고 있었다.

걸드와 이사무는 죽마고우로 예전에는 절친한 친구이자 라이벌이었다. 하지만 역시 어릴 적 친구였던 가수 지망생인 뮹 판 론을 둘러싼 사건 이후 사이가 멀어졌다. 마음이 없는 버추얼 아이돌 '샤론 애플'의 프로듀서로서 뮹이 고향 에덴을 방문하면서 세 사람은 재회하게 된다. 뮹이 연인으로 고른 사람은 이사무일까 걸드일까?

또 이사무가 타는 YF-19는 뛰어난 운동성을 지닌 반면 조종이 매우 어려운 기체였다. 한편 걸드가 타는 YF-21은 뇌파 컨트롤을 이용해 기체제어를 하는 사양으로, 평상시에는 YF-19보다 안정되어 있지만 파일럿의 정신이 흐트러지면 조종불능이 된다는 큰 위험이 있었다. 과연 통합군이 채용하는 것은 YF-19인가, YF-21인가, 아니면….

총감독에 카와모리 쇼지, 특수기술 감독에 이타노 이치로라는 「TV판 마크로스」의 메인 스탭들이 참여해 「TV판 마크로스」 보다 조금 뒤의 시대를 배경으로 '노래', '삼각관계', '가변전투기'에 정면으로 도전한 것이 「마크로스 플러스」이다. 이 작품부터 〈마크로스〉 시리즈는 본격적으로 동일 유니버스 속에서 정석의 요소를 담아 전개하는 방식을 확립했다고 할 수 있을 것이다.

·노래

「TV판 마크로스」와 「극장판 마크로스」를 끝마친 카와모리가 중국을 홀로 여행하면서 "우리가 만드는 애니메이션과 엔터테인먼

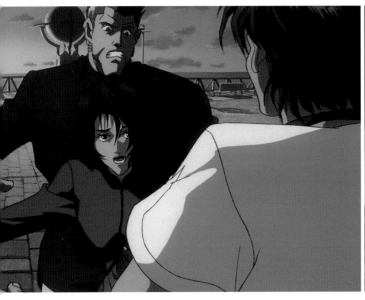

트는 어떤 의미에서 사람들을 세뇌하는 것은 아닐까"하고 생각하게 되었고, 카와모리가 고민하던 기억의 교체나 세뇌를 테마로 세뇌송이라는 설정이 생겨났다. 이 작품에서 아이돌은 세뇌의 첨병인 것이다.

'샤론 애플'이라는 버추얼 아이돌이 부르는, 세뇌병기로서의 음악을 표현하라'는 난해한 주문을 받은 사람은 현대 세뇌장치의 대표주자라 할 수 있는 TV 광고 음악 제작자로 알려져 있던 칸노 요코이다. 칸노는 이 작품 이전에는 애니메이션 관련으로 딱 한 곡만 작업했었는데 처음 본격적으로 애니메이션의 사운드트랙을 맡았다.

이제까지의 애니메이션 사운드와는 전혀 다른 것을 만들고 싶다

팬들의 환호에 호응해 외모나 목소리를 바꾸는 샤론 애플의 노래를 위해 칸노 요코는 락과 블루스에 뛰어난 허스키 보이스의 소유자 야마네 마이(山根麻以), 월드뮤직과 뉴에이지 계열의 조용한 곡에 뛰어난 아라이 아키노(新居昭乃), 내몽골 출신으로 전통 창법으로 노래 부르는 우용타나(Wuyontana)라는 전혀 다른 개성을 지닌 세 명의 가수를 기용했다.

'세뇌', '인공지능의 반란'이라는 진지한 테마를 다룬 작품이지만, 그에 반대되는 칸노의 동물적인 감수성, 자유분방함을 보여주는 에피소드가 끊이지 않는다. 예를 들어, 칸노는 오케스트라 수록 경험이 전혀 없음에도 이 작품의 사운드트랙 제작시 전혀 연고도 없는 이스라엘 필하모닉에 연락해 현지로 날아가 카와모리나 음악 프로듀서인 사사키 시로가 주문하지도 않은 곡까지 녹음했다.

「마크로스 플러스」의 사운드트랙 CD 쟈켓에는 캐릭터 일러스트가 전혀 들어가지 않았다. 이는 '이제까지의 애니메이션 사운드와는 전혀 다른 것을 만들고 싶다', '성우의 인기에 기대지 않은 음악앨범을 만들고 싶다'는 사사키의 의지를 따른 것이었다.

이 기획은 보기 좋게 성공했다. 일렉트로닉 음악부터 인도네시아의 케착, 불가리안 보이스를 연상시키는 민속 음악까지 섞은 칸노의 무국적 사운드는 일본의 경직된 대중음악 잡지 「뮤직 매거진」 등에서도 높은 평가를 받았다. 또 「TV판 마크로스」 이후로 작품 속 캐릭터가 현실에 존재하듯이 곡을 발매하는 시도는 이 작품에서도 이루어졌는데, '발매 금지된 샤론 애플의 앨범에서 최면 요소를 없애고 복각했다'는 설정으로 샤론 애플 이름의 CD 「MACROSS PLUS The Cream P·U·F」가 발매되었다.

아마 이 작품의 성공이 없었다면 칸노가 한국에서 「라그나로크 2」의 음악을 맡을 일도 없었을 것이다.

·삼각관계

「마크로스 플러스」는 「마크로스 제로」와 함께 가장 진지한 성인 취향 작품이다.

삼각관계의 세 주인공이 20대인만큼 육체적인 관계도 그려진다. 〈마크로스〉 시리즈는 「TV판 마크로스」 당시에도 에이스 파일럿인 로이 포커와 관제사 클로디아 라살의 육체적 관계를 연상시키는 묘사는 존재했다. 하지만 「TV판 마크로스」는 일요일 오후에 TV로 방영되었기 때문에 어디까지나 그 전제를 전제한 것이다. 하지만 「마크로스 플러스」는 전연령층 대상이어도 OVA, 즉 TV 방영 규제를 따를 필요가 없는 매체로 전개되었기에 걸드와 뮹이 침대에 함께 누워있는 장면이 선명하게 그려졌다.

뮹의 동급생 케이트 마소는 이미 결혼해 아이도 있고, 그런 세대를 주인공으로 설정한 어른들의 연애가 그려진다(참고로 뮹과 케이트가 노래방에 갔을 때 부르는 노래가 린 민메이의 「내 남자 친구는 파일럿(私の彼はパイロット)」이다).

또 이사무, 걸드, 뮹의 삼각관계 뿐만 아니라(정확히 이사무에게는 초반에 다른 여성 루시 맥밀란이 있어서 「TV판 마크로스」에 이어 사각관계이지만), 이사무와 뮹, 그리고 뮹에게서 감정을 학습한 인공지능 샤론의 삼각관계가 겹쳐진다는 점이 독특하다. 인간과 인간을 기반으로 만들어진 AI나 로봇이 삼각관계를 맺는 로맨틱 코미디는 여럿 있지만, 마음에 드는 남자를 쫓는 AI가 무인전투기를 해킹해 행성이 멸망의 위기에 처할 정도의 스케일이 큰 연애를 그린 것은

이 작품 정도일 것이다.

·가변전투기

제작과정에서 카와모리와 이타노는 미국 캘리포니아의 에드워즈 공군기지를 취재하고 전투기에 탑승해 모의공중전을 체험하며, 극중 묘사와 배우들의 호흡에 이를 반영했다. 예를 들어, 음속을 넘어가면 소리가 실체보다 늦게 들리기 때문에 작품에서도 폭발에 대한 소리를 늦추도록 음향감독인 미마 마사후미에게 제안했다.

또 하나 중요한 점은 이사무와 걸드의 차기 주력기 선정 경쟁 뿐 아니라 무인전투기 고스트 X-9이 등장한다는 점이다. 인간의 노래 vs 버추얼 아이돌의 노래 뿐만 아니라 유인기 vs 무인기의 싸움도 그려내며 인간과 AI의 대조를 강조하고 있다.

샤론은 보는 사람에 맞추어 모습과 목소리가 바뀌는데 이는 유저의 취향을 학습해 컨텐츠를 추천하는 오늘날의 유튜브, 인스타그램, 틱톡을 떠올리게 한다. 가수 지망생이던 뮹이 감정 기능이 미성숙한 샤론의 '안의 사람'으로 들어가지만, 생명이 있는 인간이라서 운영측의 의도와 충돌하거나 문제를 일으키기도 한다. 이는 CG로 그린 캐릭터를 가상의 인물로 사용하지만 말투나 노래, 동작은 실제 인간의 것을 사용하는 버튜버[VTuber], 라이브를 둘러싸고 2010년대 이후 벌어진 수많은 사건들을 떠올리게 한다.

■「마크로스 플러스 –MOVIE EDITION–」
[マクロスプラス –MOVIE EDITION–]

1995년 10월 7일 공개
원작 : 스튜디오 누에, 카와모리 쇼지
각본 : 노부모토 케이코
총감독·메카닉 디자인 : 카와모리 쇼지
감독 : 와타나베 신이치로
오리지널 캐릭터 디자인 : 마사유키
특기감독 : 이타노 이치로
미술감독 : 하리우 카츠후미
음향감독 : 미마 마사후미
프로듀서 : 타카나시 미노루
음악 : 칸노 요코
무대설정·메카니컬 설정 : 미야타케 카즈타카
제작 : 트라이앵글 스탭

OVA판을 재구성해 극장용 애니메이션으로 만든 작품이다. TV나 OVA에서 영화화된 〈마크로스〉 시리즈 작품들 중 원작의 스토리 변경이 가장 적은 작품이다. 하지만 이 작품에서도 각 캐릭터의 심정 묘사나 샤론의 라이브 장면 묘사가 신규 컷으로 추가되어 시리즈와는 또 다른 한 편의 영화로서의 완성도를 추구하고 있다.

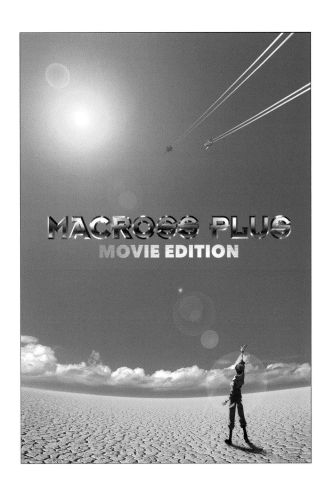

■『마크로스7』[マクロス7]

1994년 10월 16일 ~ 1995년 9월 25일 방송 총49화 + TV미방영분 3화
기획 : 오니시 요시마사
원작·슈퍼바이저 : 카와모리 쇼지(스튜디오 누에)
감독 : 아미노 테츠로(アミノテツロー)
캐릭터 원안 : 미키모토 하루히코
애니메이션 캐릭터 디자인 : 카츠라 켄이치로(桂憲一郎)
메카닉 디자인 : 미야타케 카즈타카, 카와모리 쇼지
미술감독 : 코야마 토시히사(小山俊久)
프로듀서 : 오니시 카야(大西加紋), 타카나시 미노루,
         이구치 아키라(井口亮)
애니메이션 제작 : 아시 프로덕션(葦プロダクション)
제작 : 빅웨스트, 마이니치 방송

시리즈 중에서도 가장 파격적인 작품이다. 주인공 넥키 바사라는 타오르는 듯한 컬러링의 파이어 발키리를 타고 통합군과 프로토데빌룬과의 전투에 끼어들어 "내 노래를 들어!"라고 외치고 미사일 공격 대신 스피커 포드를 꽂아 락을 들려준다.

락이라 해도 곡명은 「돌격 러브하트」이다. 같은 밴드 Fire Bomber 멤버인 소녀 밀레느 플레어 지너스가 발키리에서 미사일로 프로토데빌룬을 공격하려 하자 바사라는 "우린 전쟁을 하려고

음악을 하는게 아냐"라고 화를 낸다(밀레느는 「TV판 마크로스」에 등장한 통합군 천재 파일럿 맥시밀리언 지너스와 젠트란디의 밀리아가 최초의 성간결혼으로 부부가 되어 낳은 막내딸이다).

「TV판 마크로스」 이후로 오랜만의 TV시리즈인만큼 애니메이션 팬들의 높은 기대를 받으며 시작했지만, 방영 초기 '싸우지 않고 노래하는 파일럿'의 모습에 「TV판 마크로스」부터의 팬들은 당황했고, 「TV판 마크로스」를 몰랐던 젊은 세대는 "이건 뭐야"라고 충격을 받았다. 하지만 흔들리지 않는 바사라의 신념과 Fire Bomber의 강렬한 음악, 탄탄한 스토리 전개에 매료된 팬들이 속출하면서 이 작품도 음악이 큰 인기를 끌었다.

싸우지 않고 노래하는 파일럿

이야기의 배경은 「TV판 마크로스」에서 그려진 1차 성간전쟁 이후 새로운 땅을 찾아 지구에서 우주로 떠난 장거리 이민선단의 하나인 마크로스7. 서기 2045년, 갑작스런 프로토데빌룬과 그들에게 세뇌된 바로타 군의 습격을 받은 병사와 시민들은 '스피릿쳐'라는 생명 에너지를 빼앗기게 된다. 넥키 바사라는 스피커와 조명, 적을 타격하는 스피커 포드를 장착한 파이어 발키리를 타고 전장에 뛰어들어 "전투 따위 엿이나 먹어! 내 노래를 들어!"라고 외치며 노래를 부른다.

처음에는 적과 아군은 물론 시청자까지 당황하게 만들던 바사라였지만 점점 그를 이해하는 사람들이 나타났다. 또 바사라의 노래가 프로토데빌룬을 쫓아낸 것으로 보아 바사라의 노래에 병사의 세뇌를 풀어주는 힘과 프로토데빌룬에 대항하는 효과가 있는 것으로 밝혀진다. 함대는 노래 에너지를 실용화한 민간 협력부대 사운드 포스로 Fire Bomber를 기용한다. 그러나 바사라는 군의 사정 따위는 완전히 무시하며 '싸워서 쓰러트리기' 위해서가 아니라 마음을 나누기 위해 노래한다.

감독에는 「아이돌 전설 에리코(アイドル伝説えりこ)」, 「아이돌 천사 어서오세요 요우코(アイドル天使ようこそようこ)」 등의 음악 애니메이션과 아이돌 애니메이션을 맡았던 아미노 테츠로가 기용

되었는데, 카와모리와 아미노라는 남다른 발상으로 유명한 두 사람의 재능이 합쳐져 이 강렬하고 뜨거운 이색적인 작품이 탄생했다.

·노래

1990년대 중반 일본은 '아이돌의 겨울 시대'라고 불릴만큼, 더 이상 80년대처럼 솔로 아이돌이 가요로 히트치는 상황이 아니게 된다. 즉 린 민메이 같은 아이돌 이미지로는 더 이상 설득력이 없어진 것이다. 그래서 「마크로스 플러스」에서는 일렉트로닉 음악과 신비로운 민속적 사운드를 지향했다. 한편 함께 진행되던 「마크로스7」에서는 일렉기타를 중심으로 한 락 밴드의 강렬한 사운드를 지향하며 두 작품을 대극적으로 배치했다.

하지만 둘 다 '세뇌된 존재'가 등장한다는 공통점도 있다. 「마크로스 플러스」에서는 세뇌송을 부르는 버추얼 아이돌이 등장하고, 「마크로스7」에서는 노래의 힘으로 세뇌를 풀어내는 넥키 바사라가 활약한다. 이는 〈마크로스〉 시리즈에서의 노래와 가수의 양면성을 보여준다. 즉 세뇌를 할 수도 없앨 수도 있고, "독이 될 수도 약이 될 수도 있다"는 것이다.

놀랍게도 「마크로스7」에서는 '사운드트랙'의 개념이 없다. 작품에서 사용되는 모든 음악은 'BGM'이 아니라 극중 노래나 연주 혹은 라디오나 TV에서 흘러나오는 곡의 형태로 연출되고 있다. 이 방침 때문에 Fire Bomber의 중독성 강한 곡들이 매주 여러 번 다양한 장면에서 다양한 버전으로 흘러나오게 되었다.

그 노래를 담당한 사람은 누구인가? 이 작품부터 한 캐릭터의 성우와 가수를 경우에 따라 분담하는 스타일이 채택되었다. 바사라 역 성우는 하야시 노부토시(林延年, 현 칸나 노부토시[神奈延年]), 노래는 당시 허밍버드라는 락 밴드로 활동하던 후쿠야마 요시키(福山芳樹), 밀레느 역 성우는 사쿠라이 토모(桜井智), 노래는 치에 카지우라(チエ·カジウラ)가 맡았다. 후쿠야마는 1991년에 메이저 데뷔를 했지만 아직 히트곡이 없었고, 치에 카지우라는 데뷔를 앞둔 신인가수였다.

· 가변전투기

슈퍼 히어로로 같은 일당백의 로봇(일본에서 말하는 '슈퍼로봇')이 아닌 양산형 무기로서의 로봇(일본에서 말하는 '리얼로봇')이 「TV판 마크로스」부터 이어진 발키리의 개성이었지만, 「마크로스7」에서는 이를 자기부정한다.

노래와 스토리를
좋아하면서도
일정한 거리감이 존재한다

바사라가 타는 VF-19 카이 엑스칼리버 넥키 바사라 스페셜은 이른바 '주인공기'답게 특별한 로봇으로 조형되어 있다. 전장에서 너무나 눈에 띄는 새빨간 색상에다가 머리에는 병기에 필요없는 입까지 달려있다(바사라 말로는 "입이 없으면 노래 못한다"는 이유 때문이라고 한다).

「TV판 마크로스」에서는 민메이의 매니저 겸 애인인 린 카이훈이 군을 싫어하는 반전주의자였는데, 「마크로스7」의 바사라도 전쟁을 반대한다. 다만 바사라는 자기 스스로 행동에 나선다. 후쿠야마 요시키는 둥근 선글라스를 쓴 바사라의 일러스트를 보고 존 레논을 떠올리며 곡을 만들었다고 하는데, 바사라도 1960년대 후반 존과 히피들이 믿었던 것처럼 노래가 평화를 가져다준다고 믿었다.

〈마크로스〉 시리즈는 「TV판 마크로스」부터 어디까지가 진심이고 어디까지가 개그, 코미디, 패러디인지 알 수 없는 부분이 있었다. 「마크로스7」은 시리즈 중에서도 가장 농담같은 전개와 대사를 연발하며 기세 좋게 달려간다. 이런 특징은 카와모리의 발언에서도 볼 수 있는데, "노래는 세뇌장치가 될 수 있으니까 거리를 둘 수 있는 방법을 생각해야 한다"는 사상과도 통하고 있다. 사람들이 "이거 진심인가?"하고 웃으며 딴지를 거는데에는 그 노래와 스토리를 좋아하면서도 일정한 거리감이 존재하고 있기 때문이다.

방송 후 한 동안 바사라와 밀레느의 노래를 누가 맡았는지는 시청자들에게 알려지지 않았다. 1995년 5월 21일 일본 청년관에서 시리즈 최초의 연동 음악 이벤트로 Fire Bomber의 라이브가 열렸는데, 본편에서는 칸나와 사쿠라이가 노래를 불렀지만, 앵콜에서는 후쿠야마와 치에 카지우라가 등장하여 바사라 노래 담당, 밀레느 노래 담당의 정체가 밝혀지며 성황리에 이벤트를 마무리했다.

아직 무명이거나 아예 완전 신인을 기용해 극중에서도 현실에서도 신인, 무명 가수가 성장하고 스타덤에 오르는 싱크로율이 「TV판 마크로스」부터 「마크로스Δ」까지 이어지는 시리즈의 매력인데, 라이브 이벤트를 통해 시청자가 그 과정을 가까이서 체험할 수 있게 되었다.

· 삼각관계

밀레느는 어머니 밀리아(마크로스7의 시장)의 명령으로 통합군의 에이스 파일럿 감린 키자키와 맞선을 보는데, 감린이 먼저 밀레느에게 끌리게 된다. 밀레느는 바사라에게 휘둘리면서도 무의식중으로 사랑을 느끼면서 감린과도 친해진다.

하지만 바사라는 누구에게도 연애 감정 같은 것을 거의 보여주지 않아서 「TV판 마크로스」나 「마크로스 플러스」와는 달리 뚜렷한 삼각관계가 그려지지 않는다.

밀레느는 둘 다 좋아한다고 자각하지만 결국 누구를 선택할지 결론은 나지 않는다. 이는 「마크로스F」와 비슷한데, 「마크로스7」에서는 팬들이 그다지 문제삼지 않았지만 「마크로스F」에서는 논란을 불러 일으켰다.

■「극장판 마크로스7 은하가 나를 부른다!」

[劇場版 マクロス7 銀河がオレを呼んでいる!]

1995년 10월 7일 공개
기획 : 오니시 요시마사
원작 : 카와모리 쇼지, 스튜디오 누에
각본·슈퍼바이저 : 카와모리 쇼지(스튜디오 누에)
캐릭터 원안 : 미키모토 하루히코
애니메이션 캐릭터 디자인 : 카츠라 켄이치로
작화감독 : 코가 마코토(古賀誠)
메카닉 디자인 : 미야타케 카즈타카, 카와모리 쇼지
미술감독 : 오타 다이(太田大)
음악 프로듀서 : 사사키 시로(佐々木史朗)
음향감독 : 츠루오카 요타(鶴岡陽太)
감독 : 아미노 테츠로
애니메이션 제작 : 할 필름 메이커(ハルフィルムメーカー),
　　　　　　　　　스튜디오 쥬니오(スタジオジュニオ)

「마크로스 플러스 -MOVIE EDITION-」과 동시에 상영된 TV판의 스핀오프.

「마크로스7」에서 그려진 바로타 전쟁이 끝난 후 바사라는 방랑길에 오른다. 서기 2046년, 노래 에너지 감지기에 반응한 노래 소리에 흥미를 느낀 바사라는 외딴 행성으로 향한다. 그 행성의 주민들은 설산에서 울려 퍼지는 거대하고 기괴한 소리에 겁에 질려 있었는데, 그 정체는 바로 노래 수련중이던 젠트라디, 에밀리아 지너스. 린 민메이를 동경하는 밀레느의 언니였다는 가벼운 내용의 단편이다.

1997년 12월 18일~1998년 7월 25일 발매 총4화
원작·시리즈 구성 : 카와모리 쇼지
감독 : 아미노 테츠로
캐릭터 원안 : 미키모토 하루히코
애니메이션 캐릭터 디자인 : 니이바 코이치로
(新羽こういちろう)
프로덕션 디자인 : 미야타케 카즈타카
메카 디자인 : 카와모리 쇼지
각본 : 토미타 스케히로

OVA로 전개되며 바사라의 방황을 다룬 제2편.
　1997년은 「신세기 에반게리온」의 극장판 「Air/진심을 너에게(Air/まごころを,君に)」, 미야자키 하야오 감독의 「모노노케 히메(もののけ姫)」가 개봉하고, TV에서는 이쿠하라 쿠니히코(幾原邦彦) 감독의 전위적인 연출이 화제가 된 「소녀혁명 우테나(少女革命ウテナ)」가 방영되는 등 진지하고 미스터리한 작품들이 일본 애니메이션 팬덤을 휩쓸고 있었지만, 「다이너마이트7」은 완전히 자기만의 길을 가고 있었다.

자기만의 길을 가다

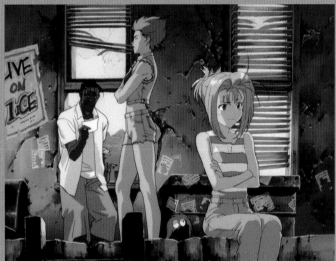

　서기2047년, 방랑길을 떠난 바사라는 변방 행성 조라에서 전투에 휘말리지만 엘마라는 소녀에게서 도움을 받는다.
　조라는 은하 고래가 회유해서 밀렵꾼들이 노리는 행성이었다. 엘마는 어머니가 가수였기에 바사라에게 "나도 가수가 되고 싶어요!"라고 간청한다. 바사라는 가수였던 엘마 어머니의 유품인 발키리를 타고 우주로 올라가 은하고래와 함께 노래를 부른다. TV시리즈와는 전혀 다른 분위기지만 사실 「마크로스 제로」와 통하는 문화인류학 SF적인 면모도 있다.
　아미노 감독이 "이번 바사라는 우주고래와 함께 노래를 할 거야. 기타 줄은 끊어졌는데 우주고래의 수염만 있어. 그걸 기타에 걸면 어떤 소리가 날까?"하고 후쿠야마에게 무모한 질문을 던졌다. 12현 기타에 프랜저(삐걱거리는 소리나 비행기가 날아가는 듯한 소리를 내는 이펙터)를 걸어서 만든 곡이 귀에 쏙쏙 들어온다.
　바사라를 따라 밀레느도 마크로스7 함대를 떠나지만 공식적으로 Fire Bomber는 해체하지 않고 가끔 신곡을 발표하며 활동을 계속하고 있다.

■「마크로스 제로」[マクロスゼロ]

2002년 12월 21일~2004년 10월 22일 발매. 총5장
원작·감독·메카닉 디자인 : 카와모리 쇼지
각본 : 오오노기 히로시
캐릭터 디자인 : 사이토 타쿠야(齋藤卓也)
특기감독 : 이타노 이치로
메카닉 디자인 : 이시가키 쥰야(石垣純哉)
메카닉 미술 : 텐진 히데타카(天神英貴), 미야타케 카즈타카
음악 : 하이시마 쿠니아키(菱島邦明)
미술감독 : 오타 다이
음향감독 : 미마 마사후미
애니메이션 제작 : 사테라이트(サテライト)

OVA로 전개된 「마크로스 플러스」처럼 진지하고 현실적인 노선의 〈마크로스〉 시리즈이다.

배경은 2008년, 즉 「TV판 마크로스」에서 그려진 젠트라디와의 1차 성간전쟁이 일어나기 얼마 전의 지구. 1999년 우주에서 지구로 날아들어 '마크로스'로 명명되는 외계인의 거대전함, 거기에서 얻은 오버 테크놀로지를 이용해 인류가 서로 싸우던 '통합전쟁' 말기.

F-14에 타는 통합군 파일럿 쿠도 신은 반통합동맹이 개발한 가변전투기 SV-51과 교전하게 되는데, 비행제어를 자유자재로 바꾸는 가변전투기에 고전하다가 남해의 외딴 섬 마얀 섬으로 격추당한다. 신은 이방인을 혐오하는 무녀 사라 놈과 섬 밖의 세계에 호기심을 가진 마오 놈 자매를 만나고, 섬에 전해지는 '새인간'의 전설을 알게 된다.

마얀섬 인근 해역에서 1999년 추락한 거대 전함과 유사한 반응을 감지한 통합군과 반통합동맹은 이를 회수하기 위해 각각 아름다운 남쪽 섬으로 부대를 파견한다. 프로토컬쳐가 남긴 '새인간'에 얽힌 전설의 유물을 둘러싸고 마얀섬은 전쟁의 소용돌이에 휩싸인다.

기획의 원점은 카와모리가 학생 때 여행했던 트루크(현 추크) 제도에서 보았던 전쟁의 상처와 아름다운 섬 풍경의 간극에 있다. 항공모함 인디펜던스호 승선 경험을 통해 '남쪽 섬', '항공모함', '가변전투기의 역사'라는 조합으로 아이디어를 구체화했다.

또 태국의 끄라비, 피피섬, 라오스 등지에서 로케이션을 진행하며 현지에서 알게 된 거인 전설, 동굴 벽에 '새인간' 같은 그림이 그려져 있던 것을 바탕으로 '신화'라는 테마를 만들어냈다. 카와모리는 '거대 로봇의 전투는 신화적이지 않을까'라고 생각했다고 한다.

실제로 〈마크로스〉 시리즈에서 「TV판 마크로스」의 '발키리'라는 기체 이름은 북유럽 신화의 신에서, 「마크로스 II 」의 적 이름은 메소포타미아 신화에서, 「마크로스 플러스」는 구약성서에서 에덴과 애플의 이름을, 「마크로스F」는 인도신화에서 바즈라 등의 이름을, 「마크로스△」에서는 다시 북유럽 신화에서 프레이아와 왈큐레의 이름을 각각 따왔으며, 「마크로스7」의 마지막에 파이어 발키리와 대치하는 프로토데빌룬들은 인도 신화의 아수라(또는 불교의 아수라)와 같은 모습을 하고 있다. 즉 〈마크로스〉 시리즈는 태고의 프로토컬처가 남긴 테크놀로지를 이용해 발키리를 다루는 인류와 또 다른 신화의 이름과 모습을 한 신들간의 신화적 싸움을 그린 시리즈라고 해석할 수도 있다.

흥미로운 점은 「마크로스 플러스」에서 AI가 폭주한 버추얼 아이돌 샤론 애플이 도시의 하늘을 수많은 새들로 가득 채우며 자신도 하늘을 날아다니는 모습이 「마크로스 제로」에 등장하는 '새인간' 즉, 수만 년 전 고대문명 프로토컬처가 지구에 남긴 거대 무기와 어딘지 모르게 닮았다는 점이다. 디지털적이고 가상적인 것과 자연적이고 소박한 것이 서로 겹쳐진다. 그것이 〈마크로스〉 시리즈의 특징이다.

·노래

사운드트랙은 민속음악과 일렉트로닉 음악이 절충된 형태로 구성되어 있다. 「마크로스 플러스」와 마찬가지로 OVA이기에 대중성을 우선시하지 않는 파격적인 내용이라 할 수 있다. 이 작품의 가수인 사라는 '새인간'이 깨어나 '멸망의 노래'를 부를까 두려워하는, 새의 고대 문명을 지키는 '바람의 인도자'라는 샤먼[무녀]이다.

음악을 맡은 하이시마는 사라의 노래 담당으로 아프리카 남동부 해안의 섬나라 마다가스카르의 아티스트 홀리 라즈를 기용했다. 카와모리 일행이 촬영한 곳은 동남아시아, 하이시마가 기용한 가수는 아프리카 사람이다. 이처럼 지역의 관점에서도 절충적이라서 마얀섬은 지구상의 어느 곳이라고 딱 집어 말할 수 없는 장소가 되었다.

오, 이렇게 히로인의 대조를 이룬다.

시리즈에서 그려지는 삼각관계는 성격적으로 자유분방하고 자기 길을 가는 타입과 성격·집안 등이 깐깐한 타입이 선택지가 되는 경우가 많다(「마크로스Ⅱ」와 「마크로스F」는 다르지만). 하지만 작품에 따라 어느 쪽을 선택하느냐가 달라진다. 이 작품에서 신이 어떤 선택을 하는지 여기에서는 언급하지 않지만, 동생 마오 놈의 손녀가 「마크로스F」의 메인 히로인 중 한 명인 "은하의 요정"세릴 놈이다.

·삼각관계

무녀의 사명과 신에 대한 사랑 사이에서 흔들리는 조용한 언니 사라와 바깥세상을 아는 신을 한결같이 생각하는 활발한 동생 마

·가변전투기

시리즈 최초로 풀 CG로 VF묘사에 힘을 쏟기로 한 카와모리 쇼지가 오랜만에 감독을 맡고, 이타노 이치로가 특수기술 감독이 된

작품이다.

제작중이던 2001년에 9.11(미국 동시다발 테러)이 일어나 군사적 묘사를 줄이고, 프로토컬쳐의 수수께끼를 파헤치는 내용으로 기획 방향을 바꾸었다. 하지만 현용 전투기와 초기의 가변전투기간의 전투, 통합군의 VF-0와 반통합군의 SV-51이 벌이는 대기권 내 공중전은 「마크로스 플러스」에 이어 〈마크로스〉 시리즈의 리얼 노선을 집대성한 박력이 있다. "CG로 이타노 서커스를 표현할 수 있을까?"라는 애니메이션 팬들의 의심은 이 작품과 이어진 「마크로스F」에서 말끔히 해소되었다.

또 이 작품에는 「TV판 마크로스」에도 등장해 주인공 이치죠 히카루의 스컬 소대 선배로 강렬한 인상을 남겼던 로이 포커가 통합군 에이스 파일럿으로 등장해 주인공 신을 지도하고, 문화인류학자와의 로맨스도 그려진다. 로이는 실력은 뛰어나지만 「TV판 마크로스」에서는 임무 중 술을 마시거나 이성에게 무례한 행동을 하는 등 문제행동이 돋보이는 존재였다. 「마크로스 제로」에서는 「TV판 마크로스」에 비해 상대적으로 괜찮은 사람으로 그려지지만 역시 주인공과 똑같이 군율은 지키지 않는다.

「마크로스F」에서는 「마크로스 제로」에서 다뤘던 사건을 '영화'로 촬영하는 장면이 나오는데 마오 역을 란카가 연기한다. 이는 「마크로스7」에서 「TV판 마크로스」의 1차 성간전쟁을 드라마로 촬영하면서 바사라가 히카루 역을, 밀레느가 민메이 역을 맡은 것을 염두에 둔 전개이다.

■「마크로스F」
[マクロスF(フロンティア)]

2008년 4월 3일~2008년 9월 25일 방송 총25화
원작 : 카와모리 쇼지, 스튜디오 누에
총감독 : 카와모리 쇼지 / 감독 : 키쿠치 야스히토(菊池康仁)
시리즈 구성 : 요시노 히로유키(吉野弘幸)
캐릭터 디자인 : 에바타 리사(江端里沙), 타카하시 유이치(高橋裕一)
메카닉 디자인 : 이시가키 준야, 타카쿠라 타케시(高倉武史)
발키리 디자인 : 카와모리 쇼지
메카니컬 아트 : 텐진 히데타카
CGI디렉터 : 타카하시 마사토(高橋将人), 하라다 타케시(原田丈),
　　　　　　 이노모토 에이지(井野元英二)
미술감독 : 요시하라 슌이치로(吉原俊一郎)
색채설정 : 나카야마 쿠미코(中山久美子)
촬영감독 : 타카하시 나오미(高橋なおみ)
음향감독 : 미마 마사후미
음향효과 : 쿠라하시 시즈오(倉橋静男)
음악 : 칸노 요코
애니메이션 제작 : 사테라이트

〈마크로스〉시리즈 25주년 기획으로「마크로스7」이후 13년 만에 선보이는 시리즈의 집대성격으로 제작된 TV시리즈이다. TV 시리즈임에도 높은 퀄리티의 작화,「마크로스 제로」보다 한층 발전된 전투 묘사 CG, 대중적인 캐릭터 디자인, 시나리오의 높은 오락성, 칸노 요코가 맡은 수 많은 곡들이 어우러져 애니메이션 팬들을 열광시켰다.

블루레이 디스크(BD) 제1권은 2008년 연간 종합 판매 랭킹 1위를 기록했고(애니메이션 뿐만 아니라 그 해 일본에서 판매된 BD 중 가장 많이 팔렸다), 노래도 큰 인기를 끌어「마크로스7」의 판매량을 갱신했다.

배경은「마크로스7」으로부터 약 15년 뒤인 서기2059년, 천 만 명 이상이 거주하는 초장거리 이민선단 마크로스 프론티어이다. 우주를 누비며 투어를 하는 '은하의 요정'이라 불리는 탑 가수 셰릴 놈의 콘서트 도중 곤충과 갑각류를 연상시키는 미지의 거대 생물 바즈라가 선단을 습격한다(시리즈 최초로 비인간형 적이 등장).

여기에서 미호시 학원의 우주과 파일럿 양성코스에 다니던 학생 사오토메 알토, 아이돌을 동경하며 중화요리점에서 아르바이트를 하고 있던 란카 리, 은하의 요정 셰릴 세 명이 만난다.

알토는 민간군사기업 S.M.S의 기체인 VF-25 메사이어에 우연히 탑승해 바즈라의 습격에서 란카를 구한 것을 계기로 입대하여 발키리 파일럿이 된다.

이후 란카는 린 민메이처럼 미스 마크로스 대회에 나가 가수로 데뷔하고, 통합전쟁(「마크로스 제로」)을 그린 영화에서 마오 놈 역을 연기해 '초시공 신데렐라'로 불리며 탑 아이돌의 길로 들어선다. 한편 셰릴은 자신을 좋은 의미로 특별하게 대하지 않는 알토에게 흥미를 느끼다 점차 호감으로 변해가지만, 그녀의 몸은 어느 병에 걸려 쇠약해지기 시작한다.

삼각관계의 향방은 어떻게 될까? 그리고 언어소통이 불가능한 바즈라와 소통을 꾀하며 공존의 길을 걸을 수 있을 것인가, 아니면….

키쿠치 야스히토 감독과 시리즈 구성의 요시노 히로유키는「TV

판 마크로스」를 보고 사단 세대도 주인공과 히로인이 폐쇄된 공간에 갇힌다」는 「TV판 마크로스」의 전개를 의식적으로 반영하여 극을 구성했다. 요시노는 "란카는 TV판 민메이, 셰릴은 극장판 민메이"의 이미지로 시나리오를 썼다고 한다.

또 이 작품에서는 「TV판 마크로스」뿐만 아니라 시리즈 전작에 대한 오마쥬나 패러디, 인용이 곳곳에 숨어있다. 예를 들어, 셰릴의 "내 노래를 들어!"는 「마크로스7」의 넥키 바사라의 "내 노래를 들어!"에서, 알토가 손바닥으로 비행기 모양을 만들어 하늘에 띄우는 컷은 「마크로스 플러스」의 이사무에서 따온 것이다.

란카는 TV판 민메이,
셰릴은 극장판 민메이

「마크로스Ⅱ」, 「마크로스 플러스」에서 그려진 '전투를 위한 노래', '노래에 의한 세뇌' 모티브도 다시 그려진다. 주인공과 같은 부대에 소속된 동료가 순직하는 충격적인 전개는 「TV판 마크로스」부터 존재했고, 「마크로스7」에서는 Fire Bomber / 사운드포스가 아닌 감린의 부대이긴 했지만 여전히 묘사되어 이 작품에도 있고

「마크로스△」에도 계승되고 있다.

「마크로스F」는 '이 작품부터 시리즈 보시기를 추천합니다'라고 말할 수 있을 정도로 오락성이 높은 작품이지만, 다른 시리즈 작품을 보고 나면 다시 한 번, 두 번, 세 번 반복해서 보길 권하고 싶다. 그때마다 새로운 발견을 하고, 제작진의 장치와 놀이를 즐길 수 있다. 예를 들어, 란카의 오빠인 S.M.S소속 파일럿 오즈마는 란카와 프론티어 함대를 지키기 위해 위험을 무릅쓰고 발키리를 타고 싸우지만, 그는 Fire Bomber의 애청자이다. 반전으로 일관한 바사라를 좋아하는 오즈마가 고민 끝에 결국 전투를 선택했다는 사실을 알면 그의 선택의 무게가 더욱 깊게 느껴질 것이다.

·노래

셰릴은 아이돌 보다는 디바에 가까운데, 한국에서 유사한 예를 들면 에일리나 효린 정도일까. 란카는 일본의 80년대 정통파 아이돌 같은 존재로, 마츠다 세이코의 작사 등으로 유명한 마츠모토 타카시(松本隆)가 「성간비행(星間飛行)」을 맡아 화제를 모았다.

칸노 요코가 BGM은 물론 주제가, 삽입곡까지 모두 담당해 「라이온(ライオン)」, 「성간비행」, 「사수자리☆오후 9시 Don't be late(射手座☆午後九時Don't be late)」 등이 인기를 끌었다. 이 작품

이 수많은 여성팬을 확보할 수 있었던 것은 칸노의 곡과 가사(Gabriela Robin 예명)의 힘이 크다.

애니메이션 속 전개와
현실의 연동이 완성되다

셰릴은 '은하계 제일'이지만 그 노래 담당자는 신출내기나 신인이 요구된다는 〈마크로스〉 시리즈의 난관에 부딪혔다. R&B 가수로 활동했지만 아직 히트곡이 없던 나카바야시 메이(中林芽依)가 May'n이란 예명으로 셰릴의 노래를 담당했다(성우는 엔도 아야(遠藤綾)가 담당). 란카 역도 성우와 가수를 겸한 신인 나카지마 메구미(中島愛)가 오디션으로 발탁되어 이 작품으로 데뷔했다. 2008년에 TV방송과 병행하여 셰릴 놈 starring May'n과 란카 리=나카지마 메구미의 라인업을 개시했고, '귤상자에서 Zepp까지 캠페인'이라는 이름 하에 단계적으로 공연장을 확대해 결국 수용인원 1만 4천 명 규모의 일본 부도칸에서 공연을 펼친다. 작품 속 란카 리의 성장과 인기 확대에 발맞춰 나카지마와 May'n의 라이브도 점점 더 활기를 띠게 된다.

〈마크로스〉 시리즈는 「TV판 마크로스」 때부터 애니메이션 속 전개와 현실을 연동시켜 애니메이션 캐릭터가 현실에도 있는 것처럼 캐릭터와 '안의 사람'(성우나 가수)를 오버랩시키는 시도를 해왔는데 「마크로스F」에서 이것이 완성되었다고 해도 과언이 아니다.

·삼각관계

이 작품의 삼각관계는 「TV판 마크로스」 이래로 있던 '자유분방형과 고지식한 성격형'에서 하나를 뽑는 선택이 아니다. 셰릴은 초반에는 바사라나 이사무처럼 남의 말을 듣지 않는 자기중심형으로 보이지만, 사실 상처받기 쉬운 내면을 지니고 있다(이 점이 많은 여성팬을 확보한 이유이기도 하다). 또 란카는 소극적이지만 점차 변화하는 모습을 보여준다.

TV판에서 알토는 "너희들이 내 날개야!!"라고 말하며 결론을 미뤄버렸기 때문에 팬들의 관심은 '극장판에서는 누굴 선택하느냐'에 집중하게 되었다.

·가변전투기

알토 일행이 타는 VF-25의 묘사는 TV시리즈 최초로 메카닉을 CG로 묘사한 것이다. S.M.S는 민간조직인만큼 각 기체에 개성을 부여하고 컬러링도 캐릭터별로 구분했다.

또 설정상으로 발키리는 거인족 젠트라디와의 육탄전을 상정해 인간형 배트로이드 형태가 준비되어 있지만, 사실 오랫동안 배트로이드 형태의 격투는 그다지 그려지지 않았는데, 이 작품에서는 바즈라전에서 배트로이드 형태가 효과적으로 사용된다.

■「극장판 마크로스F ~거짓의 가희~」
[劇場版マクロスF〜イツワリノウタヒメ〜]

2009년 11월 21일 공개
원작 : 카와모리 쇼지, 스튜디오 누에
감독 : 카와모리 쇼지 / **연출** : 키쿠치 야스히토
각본 : 요시노 히로유키, 카와모리 쇼지
캐릭터 디자인 : 에바타 리사, 타카하시 유이치
메카닉 디자인 : 이시가키 쥰야, 타카쿠라 타케시
발키리 디자인 : 카와모리 쇼지
메카니컬 아트 : 텐진 히데타카
CG치프 디렉터 : 야기시타 히로시(八木下浩史)
색채설정 : 나카야마 쿠미코
미술감독 : 요시하라 슌이치로
음악 : 칸노 요코 / **음향감독** : 미마 마사후미
제작 : 사테라이트, 에이트비트

2011년 2월 26일 공개
원작 : 카와모리 쇼지, 스튜디오 누에
감독 : 카와모리 쇼지 / **부감독** : 사토 히데카즈(佐藤英一)
각본 : 요시노 히로유키, 카와모리 쇼지
캐릭터 디자인 : 에바타 리사, 타카하시 유이치
메카닉 디자인 : 이시가키 준야, 타카쿠라 타케시
발키리 디자인 : 카와모리 쇼지
메카니컬 아트 : 텐진 히데타카
CGI 테크니컬 디렉터 : 야기시타 히로시
색채설정 : 나카야마 쿠미코 / **미술감독** : 요시하라 슌이치로(美峰)
음악 : 칸노 요코 / **음향감독** : 미마 마사후미
제작 : 사테라이트

전·후편 2부작으로 제작. TV시리즈의 설정을 따르면서도 스토리 라인이 크게 바뀌어 거의 신작이라고 해도 무방하다. 전편인 「거짓의 가희」조차 TV판 총집편으로 기존 작화 사용이 30%에 불과하고, 신규 작화가 70%에 달한다. 후반 1시간은 TV 시리즈와는 전혀 다른 전개로 후편인 완전 신작 「이별의 날개」로 이어진다.

「이별의 날개」에서는 란카의 첫 라이브, 셰릴의 투옥과 구출, 위문 라이브, 바즈라 본거지 행성에서의 전투 등 TV판에서는 다뤄지지 못했던 장면들로 구성되어, 파이어 발키리 이후의 처음으로 진홍색 기체 YF-29 듀란달이 새롭게 등장한다.

애니메이션 연출 면에서 보면, 시리즈 역사상 이 극장판부터 라이브 장면에 3DCG를 본격적으로 사용했다. 배경에 깊이를 더하고 실제 라이브의 응원소리를 섞어 마치 셰릴이나 란카가 실제 존재하는 것처럼 표현한 것이 특징이다.

또 「마크로스F」에서 보류되었던 알토가 둘 중 누구를 선택할지에 대한 결론도 나온다. 하지만 TV 시리즈에서는 나오지 않았던 충격적인 결말도 기다리고 있다.

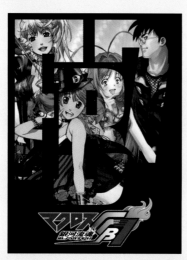

■「마크로스FB7 내 노래를 들어!」

[マクロスFB7 オレノウタヲキケ！]

2012년 10월 20일 공개

「마크로스F」와 「마크로스7」의 콜라보 작품.

「마크로스F」의 등장인물들이 Fire Bomber의 활약상을 비디오 테입을 통해 감상하는 형식으로 진행되는 「마크로스7」의 다이제스트, 뮤직비디오 모음집이다.

〈마크로스〉 시리즈는 기념비적인 이벤트에서는 화려한 협연으로 이벤트를 진행하는 경우가 많다. 예를 들어, 시리즈 15주년 때에는 〈15th ANNIVERSARY MACROSS ONE NIGHT STAND〉에 이이지마 마리, 카사하라 히로코(笠原弘子), 아라이 아키노, 후쿠야마 요시키, 칸노 요코 등이 참여했고, 20주년 때에는 〈MAC-ROSS THE TRIBUTE LIVE!〉, 25주년 때에는 〈마크로스 25주년 기념 라이브「Minmay meets Fire Bomber」〉를 개최했었다.

그리고 「마크로스F」의 대히트와 극장판 제작을 계기로 〈SAN-KYO presents 마크로스 원년 기념 마크로스 크로스오버 라이브 A.D.2009×45×59마쿠하리 멧세〉라는 제목으로 2009년10월 17일과 18일에 마쿠하리 멧세 이벤트 홀에서 역대 가수들이 집결하는 공연이 열렸다. 이때 「마크로스F」의 팬 클럽인 〈F혼〉이 마크로스 시리즈 전체의 팬 글럽인 〈M혼〉(마크로스혼)으로 리뉴얼되면서 작품 간의 크로스오버가 가속화되었다는 인상을 받았다. 이런 흐름 속에서 「마크로스7」의 총집편인 이 작품이 공개되었고, 마지막에는 란카와 셰릴이 「마크로스7」의 메들리인 「냥냥 FIRE! 돌격 플래닛 익스플로젼(娘々FIRE!! 突撃プラネットエクスプロージョン)」을 부르며 Fire Bomber와(작중 설정상으로는 어디까지나 가상으로) 공동 출연한다.

2013년 7월 13일에는 〈마크로스〉 시리즈 30주년 프로젝트의 하나로 〈SANKYO presents 마크로스 30주년 기념 마크로스 크로스오버 라이브 30〉도 개최된다.

劇場短編
マクロスＦ Frontier
〜時の迷宮〜

■ '극장단편 마크로스F~시간의 미궁~」
[劇場短編マクロスF〜時の迷宮〜]

2021년 10월 8일 공개
감독·각본·그림 콘티 : 카와모리 쇼지
연출 : 스기모토 켄타로(杉本研太郎)
캐릭터 디자인 : 에바타 리사, 타카하시 유이치
발키리 디자인 : 카와모리 쇼지
미술설정 : 이나타 와타루(稲田航)
음향감독 : 미마 마사후미
음악 : 칸노 요코
음악제작 : 플라잉독(フライングドッグ)
애니메이션 제작 : 사테라이트

　바즈라 본거지 행성에서 벌어진 전투로부터 몇 년이 흘렀다. 탑 아이돌 란카 리는 S.M.S소대와 함께 초시공 라이브 투어를 하던 중 강렬한 폴드 반응에 휩싸인다. 프로토컬쳐 후손들의 유적에서 란카는 기억을 찾아가는 '시간의 미궁'으로 초대받는다.
　「마크로스Δ」와 거의 같은 2060년대 후반을 배경으로 성인이 된 란카의 모습을 그린 단편이다. 란카, 셰릴, 알토 세 사람의 미래에 대한 희망을 가질 수 있는 결말이다. 「마크로스Δ」의 극장판 후편 「극장판 마크로스Δ 절대LIVE!!!!!!」와 동시상영 작품이다.

■ 「마크로스Δ」[マクロスΔ]

2016년 4월 3일~9월 25일 발매 총26화
원작 : 카와모리 쇼지·스튜디오 누에
총감독 : 카와모리 쇼지
감독 : 야스다 켄지(安田賢司)
시리즈 구성 : 네모토 토시조우(根元歳三)
캐릭터 원안 : 미타 치사토(実田千聖)[CAPCOM]
캐릭터 디자인 : 마지로(まじろ), 신도 마사루(進藤優)
메인 애니메이터 : 나카야마 류(中山竜)
세계관 디자인 : 토마 로맹(Thomas Romain)
발키리 디자인 : 카와모리 쇼지
메카닉 디자인 : 브루넷 스타니슬라스(Brunet Stanislas)
미술설정 : 빈센트 니엠(Vincent NGHIEM)
디자인웍스 : 오하시 사치코(大橋幸子)
마크로스 비쥬얼 아티스트 : 텐진 히데타카
색채설정 : 하야시 카나코(林可奈子)
미술감독 : 이케다 시게미(池田繁美)[아트리에 무사(アトリエ・ムサ)],
　　　　　마루야마 유키코(丸山由紀子)[아트리에 무사]
촬영감독 : 이와사키 아츠시(岩崎敦)[T2studio]
CG디렉터 : 모리노 히로노리(森野浩典)
CG슈퍼바이저 : 카시마 히로유키(加島裕幸)[unknownCASE]
CG애니메이션 디렉터 : 사키야마 아츠시(崎山敦嗣)
　　　　　　　　　　　[unknownCASE]
메인 발키리 모델링 : 이케다 유키오(池田幸雄),
　　　　　　　　　　사카모토 케이지(坂本圭司)
모니터 그래픽스 : HIBIKI, 스즈키 요타(鈴木陽太)[flapper3],
　　　　　　　　　카토 치에(加藤千恵)[T2studio]
특수효과 : 이다 아야카(飯田彩佳)
편집 : 츠보네 켄타로(坪根健太郎)[REAL-T]
음악 : 스즈키 사에코(鈴木さえ子), TOMISIRO,
　　　쿠보타 미나(窪田ミナ)
음악제작 : 플라잉독
음향감독 : 미마 마사후미
음향제작 : 테크노사운드(テクノサウンド)
애니메이션 제작 : 사테라이트

「마크로스F」가 끝나고 〈마크로스〉 시리즈에서 아직 하지 않았던 것, 카와모리는 그것이 '그룹'이라고 생각했다. 그래서 카와모리는 사사키 시로에게서 음악 프로듀서를 이어받은 후쿠다 마사오(福田正夫)에게 "5인조 소녀 유닛이 노래하면 발키리가 그에 맞춰 춤을 춘다"는 이미지를 전달한다. 후쿠다는 빅터 산하의 애니메이션 음악 레이블 플라잉독에서 사카모토 마아야(坂本真綾), 나카지마 메구미의 프로듀서를 담당한 인물로, 「마크로스Δ(델타)」에서는 여러 명의 작가들을 곡 제작에 기용하고, 이후 오디션으로 전술음악 유닛 '왈큐레'의 노래를 담당할 멤버를 찾게 된다.

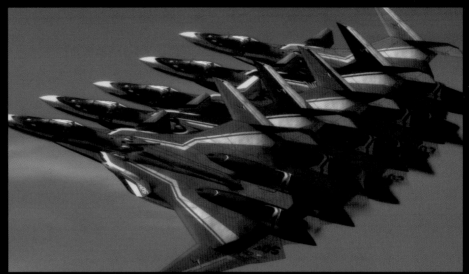

작품 배경은 서기 2067년, 라그나 행성. 은하계 변방에서 사람들이 갑자기 흉폭해지는 바르 증후군(신드롬)이 발생하여 노래로 그 증상을 진정시키는 전술음악 유닛 왈큐레와 이들을 지키는 가변전투기부대 델타 소대가 결성되어 행성들을 돌며 활동하고 있다.

왈큐레를 동경하는 윈더미어인 소녀 프레이아 비온과 아르바이트를 하며 방랑생활을 하던 하야테 임멜만은 알 샤할 행성에서 바르화한 사람들의 폭동에 휘말린 것을 계기로 왈큐레와 델타 소대에 합류하게 된다.

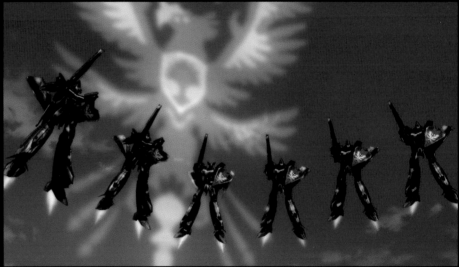

전술음악 유닛 왈큐레

공중기사단을 거느린 윈더미어 왕국은 신통합정부에 선전포고를 하고, 바르화를 부추기는 노래의 힘과 공중기사단의 맹위로 변방 국가들이 차례로 지배를 받게 된다(윈더미어인은 이민자가 아니라 원래 이 성계에 살다가 거기에 도착한 신통합정부와 접촉한 사람들이다. 하지만 역시 고대에 프로토컬처로부터 진화를 받아 '프로토컬처의 정통 후예'라고 자칭한다).

윈더미어 왕국의 목적은 도대체 무엇일까? 고향과 동료 사이에서 갈등하는 프레이아와 델타 소대의 미라쥬 파리나 지너스(맥스와 밀리아의 손녀)가

마음을 빼앗긴 하야테와의 삼각관계, 그리고 델타 소대와 윈더미어의 공중기사단의 인간대 인간의 공중전이 그려진다.

·노래

「마크로스Δ」는 발키리 전투에서도 노래에서도 '팀전'에 대응하도록 제작진도 왈큐레 곡은 코모리타 미노루(コモリタミノル), 마츠모토 료우키(松本良喜), 아네타 우무야(姉田ウ夢ヤ) 등이, 사운드트랙은 스즈키 사에코, TOMISIRO, 쿠보타 미나 등 여러 작가진이 담당하고 있다.

왈큐레 멤버 중 애니메이션을 거의 본 적이 없는 미쿠모 기느메르의 노래 담당 JUNNA를 제외한 4명은 「마크로스F」세대로 May'n이나 나카지마 메구미의 활약을 보고 성우를 동경해 오디션을 받았다. 아이돌 애니메이션에서 출발한 유닛은 대개는 유니즌으로 노래하거나 비교적 단순한 2, 3성 하모니를 부르는 경우가 많은데, 왈큐레는 5성 하모니가 당연시된다는 점이 특이하다. 후쿠다가 '가요의 복권'을 컨셉으로 삼았기 때문에 주선율[멜로디]만 들으면 쉽게 들을 수 있다. 하지만 가수나 연주자에게는 전조와 변박이 자주 나오는 난곡 뿐이라 라이브로 노래와 춤을 추는 것은 예상하지 않았다.

하지만 처음에는 미쿠모 노래 담당의 JUNNA와 프레이아 역의 스즈키 미노리(鈴木みのり)가 메인이 되고, 카나메 버커니어 역의 야스노 키요노(安野希世乃), 레이나 프라울러 역의 토야마 나오(東山奈央), 마키나 나카지마 역의 니시다 노조미(西田望見)는 '백코러스로 지원' 할 것으로 알려졌지만, 5명이 예상 외로 뛰어난 실력을 보여주어 후쿠다는 노선을 바꾸었다. 곡에서는 주선율이 교차로 들어가는 복잡한 구성이 본격화되고, 노래의 파트가 5명이 거의 동등하게 되어 활기차게 라이브를 진행하게 되었다.

2015년에 왈큐레 멤버 선발과 레코딩이 시작되었고, 2016년에는 TV애니메이션 방영에 맞춰 곡 발매와 이벤트 출연, 라이브 활동을 진행했으며, 2017년 요코하마 아레나에서 열린 2nd 라이브 퍼포먼스가 카와모리와 관계자의 마음을 움직여 극장판 제작과 왈큐레의 활동 지속으로 이어졌다. 한국에서 「마크로스Δ」가 방영되면 꼭 왈큐레의 라이브 영상도 함께 방영되기를 바란다. 왈큐레의 음악활동과 폭발적인 인기의 존재를 빼고는 「마크로스Δ」를 이야기할 수 없기 때문이다.

·삼각관계

「마크로스Δ」에서는 프레이아, 하야테, 미라쥬의 삼각관계의 행

방을 일찌감치 짐작할 수 있다(물론 왈
큐레의 리더 카나메 버캐니어와 델타 소대의
에이스 멧서, 아라드 대장도 있다).

시리즈에서 중요한 포인트는 프레이
아를 비롯한 윈더미어인의 수명이 30
년 정도에 불과하다는, 수명이 크게 차
이나는 존재들끼리의 연애를 그린다
는 점이다. 「TV판 마크로스」나 「마크로
스F」에서 그려진 지구인과 젠트라디의
연애에서는 사이즈의 차이를 마이크론
화 기술로 극복했지만, 수명의 차이는
어쩔 수가 없다.

윈더미어인들은 그 짧은 일생을 살
아가기 위해 연애도 꿈을 좇는 것도 눈
앞의 일에 전력을 다한다. 지금 이 순
간에 집중해 삶을 불태운다. 이는 선
(禪)이나 마인드풀니스 사상에 매우 가
까울 뿐만 아니라 넥키 바사라의 삶의
방식과도 통한다.

·가변전투기

델타 소대가 사용하는 VF-31은 왈
큐레 지원이 목적이라서 적 격추가 아
닌 바르화한 자를 최대한 다치지 않도
록 위력이 약한 근접 전투용 무장이 중
심이다. 또 「마크로스F」는 우주공간에
서의 전투 중심이었지만 「마크로스Δ」
는 제작 기술적으로 보다 난이도가 높
은 대기권 내[대공]에서의 전투가 중심
이기도 하다.

이 작품에서 눈여겨 볼 점은 '목숨
걸고 싸우는' 왈큐레의 노래가 발키리
와 호응한다는 점이다. 전투기 액션이
곡의 전개에 따라 움직임의 격렬함, 메
카의 날카로움, 카메라 워크가 마치 뮤
지컬처럼 싱크로율을 이룬다. 예를 들
어, 1화에서 「넘어선 안 될 보더라인(い
けないボーダーライン)」의 "타들어가면
서도 여전히 빛나 보여"라는 가사에 맞
춰 가변전투기 VF-17이 "타들어가면서
도 여전히 빛나는" 모습이 그려진다.

하지만 폭발의 순간과 보컬의 후렴
부분이 완전히 겹치면 효과음과 보컬
에 가려져 노래가 묻혀버리기 때문에
후렴이 먼저 나온 뒤 잠시 간격을 두고
폭발하는 등 매우 정교한 연출을 매 회
볼 수 있다.

■ 「극장판 마크로스Δ 격정의 왈큐레」
[劇場版マクロスΔ 激情のワルキューレ]

2018년 2월 9일 공개
원작 : 카와모리 쇼지·스튜디오 누에
감독 : 카와모리 쇼지
각본 : 네모토 토시조우, 카와모리 쇼지
그림콘티 : 카와모리 쇼지
캐릭터 원안 : 미타 치사토(CAPCOM)
캐릭터 디자인 : 마지로, 신도 마사루
메인 애니메이터 : 이토 이쿠코(伊藤郁子), 오하시 사치코,
　　　　　　　　　나가타 요시히로(長田好弘),
　　　　　　　　　미나가와 카즈노리(皆川一徳),
　　　　　　　　　이토 아야코(伊藤亜矢子)
연출 : 야마토 나오미치(ヤマトナオミチ)
세계관 디자인 : 토마 로맹
발키리 디자인 : 카와모리 쇼지
메카닉 디자인 : 브루넷 스타니슬라스
미술설정 : 빈센트 니엠
디자인 웍스 : 오하시 사치코, 킷카와 미키(吉川美貴)
CG디렉터 : 모리노 히로노리
CG라이브 디렉터 : 츠지 세이이치(辻 成一)
　　　　　　　[제트 스튜디오(ジェットスタジオ)]
편집 : 츠보네 켄타로(REAL-T),
　　　마츠모토 히데하루(松本秀治)
음악 : 스즈키 사에코, TOMISIRO, 쿠보타 미나
음악제작 : 플라잉독
음향감독 : 미마 마사후미
음향제작 : 테크노사운드
애니메이션 제작 : 사테라이트

■ 「극장판 마크로스Δ 절대LIVE!!!!!!」
[劇場版マクロスΔ 絶対LIVE!!!!!!]

감독 : 카와모리 쇼지
부감독 : 야마토 나오미치
각본 : 네모토 토시조
캐릭터 원안 : 미타 치사토(CAPCOM)
캐릭터 디자인 : 마지로, 신도 유우
발키리 디자인 : 카와모리 쇼지
메카닉 디자인 : 이나타 와타루(稲田航)
마크로스 비쥬얼 아티스트 : 텐진 히데타카
음악제작 : 플라잉독
음향감독 : 미마 마사후미
제작 : 사테라이트

「격정의 왈큐레」는 TV시리즈 「마크로스Δ」의 재구성+신작 구성으로 한 편의 영화로 재탄생된 작품이다. 세부 전개가 상당히 달라졌고, TV시리즈에서는 왈큐레가 노래하는 장면을 수작업 작화, 전투씬은 CG로 진행했지만 극장판에서는 CG를 전면 활용한 라이브 장면이 새롭게 추가됐다.

「절대 LIVE!!!!!!」는 서기2068년, 신통합정부와 윈더미어 왕국의 정전협정 이후의 이야기를 그리고 있다. 왈큐레와 델타 소대의 윈더미어에서의 휴전기념 라이브 도중 의문의 부대 헤임달의 함정이 폴드아웃[전이]해 습격해온다. 윈더미어의 공중기사단원 보그도 조국 윈더미어의 방위를 위해 "이런 서비스는 잘 안해주는데"라는 「마크로스F」의 셰릴의 대사를 패러디하며 델타 소대에 가

담해 함께 의문의 적에 맞선다.

왈큐레와 델타 소대는 적이 풀어
놓은 버추얼로이드 야미쿠모를 비
롯해 왈큐레를 학습한 AI가 만든
'야미큐레(Yami_Q_ray)'와 무인 가
변전투기 'Sv-303 비바스바트'에
매우 고전한다. AI가 구동하는 버추
얼 아이돌과 무인 전투기라는 「마
크로스 플러스」에도 등장했던 모티
브를 2020년대 상황에 맞춘 작품
으로도 해석할 수 있다.

「마크로스 플러스」에 등장하는
샤론 애플과 에덴이란 이름은 구약
성서에 등장하는 이브가 뱀의 꼬임
에 넘어가 먹은 지혜의 과실과 인
류가 추방당한 낙원에서 따온 이
름이다. 「절대LIVE!!!!!!」의 사과는
꽃피는 기간이 짧은, 즉 에덴을 나
와 영원한 생명을 잃고 유한한 삶
과 세대교체를 맞이하게 된 인류를
상징한다. 수명이 짧은 프레이아는
생명을 불태우며 노래하고 새로운
세대에 희망을 건넨다. 끝이 있고
한계가 있기에 비로소 그 모습이
아름답게 빛난다.

주요참고
문헌

「유리이카(ユリイカ)」 2009년 8월호(칸노 요코 특집), 세이도샤
「카와모리 쇼지 비전 크리에이터의 시점」, 키네마 쥰포샤, 2013년
「Quick Japan」Vol.126」, 오오타 출판, 2016년
「유리이카」 2016년 9월 임시증간호 총특집 아이돌 애니메이션, 세이도샤
「마크로스 음악의 전 궤적1982-2018 역대 아티스트 / 크리에이터 증언집」, 이치진샤, 2018년
「전격 데이터 콜렉션 초시공요새 마크로스」, KADOKAWA, 2018년
「CONTINUE」 Vol.73, 오오타 출판, 2021년
「마크로스 초백과」, 코단샤, 2022년

【한국 대중음악과 마크로스의 음악】

〈마크로스〉 시리즈의 노래의 매력은 ①aespa와의 유사점 ② SMTM 본선과의 유사점을 합친 점이다.

①aespa와의 유사점은 두가지 의미가 있다.

첫째, '이해가 안된다'. aespa는 KWANGYA가 어떻고 블랙맘바가 어떻고 하는 설정을 바탕으로 곡을 전개하지만 대부분의 사람들은 "무슨 소릴 하는거지?"라고 생각할 것이다. 〈마크로스〉 시리즈도 「TV판 마크로스」에서는 거대 외계인과의 전쟁이 지구인의 아이돌 노래와 연애 이야기가 거인들에게 컬처쇼크를 주어 휴전에 이르렀고, 「마크로스F」에서는 히로인의 복부가 빛나며 "바즈라는 배로 노래해"라며 거대한 곤충체같은 생명체와 소통하는 등 애니메이션 본편을 보지 않고 설정만 들은 사람들은 아마 "무슨 소릴 하는거지?" 하고 생각할 것이다.

둘째, '설정·스토리상의 캐릭터나 노래 가사와 연기자 자신은 분리되어 있지만, 겹치는 부분도 있다'는 점이다. 이는 aespa 외에도 가령 〈화양연화〉시절의 BTS가 '하나의 심장을 지닌 7명의 소년', '7개의 심장을 지닌 한 명의 소년'이 반복되는 세계를 경험한다는 스토리를 바탕으로 전개하는 것처럼, K-POP에서도 간혹 볼 수 있는 것이다. 〈마크로스〉 시리즈는 애니메이션이기에 애니메이션 설정에 맞는 곡이 발매된다. 하지만 그 노래를 부르는 것

은 가수나 성우이며, 캐릭터와 연기자, 가수는 당연히 별개의 인격이다. 하지만 애니메이션은 엉뚱한 설정에도 불구하고 캐릭터와 연기자들의 삶이나 심정이 겹쳐 보이는 부분이 있는게 〈마크로스〉 시리즈의 묘미다.

그것이 ②SMTM 본선과 비슷한 점이라는 부분이다. Mnet의 힙합 서바이벌 프로그램 〈Show Me The Money〉시리즈에서는 예선을 통과한 래퍼들이 기본적으로 솔로로 본선 무대에 오르는데, 이때 주로 자신의 반생을 돌아보는 다큐멘터리 부분이 삽입된다. 그 뒤 펼쳐지는 무대 위에서는 자신의 삶을 감상적으로 이야기하고, 가족에 대한 마음을 랩으로 풀어낸다. 예선부터 그 래퍼에게 눈이 갔던 시청자들은 이를 보고 감정이입을 하게 된다. 이는 〈마크로스〉 시리즈도 비슷하다. 가수로서 기용되는 건 완전 신인이거나 아직 인기가 없는 젊은이가 대부분이며, 애니메이션 속의 스토리 전개나 극장판 제작·공개와 병행하여 진행되는 음악활동(특히 라이브)에서 그 캐릭터를 연기하는 가수의 성장이, 캐릭터 자체의 성장이나 변화와 맞물리면서 관객을 감동시켜 왔기 때문이다.

①만으로 혹은 ②만으로는 다른 애니메이션 출신 음악 유닛이나 애니송 아이돌에서도 경험할 수 있지만 이것이 결합된 것은 〈마크로스〉 시리즈가 유일할 것이다.

특별 칼럼 및 인터뷰

카와모리 쇼지와
<마크로스> 시리즈,
그리고 문화의 변천

column & interviewer 선정우

카와모리 쇼지
(河森正治, SHOJI KAWAMORI)

프로파일
현 주식회사 Vector Vision 소속.
애니메이션 감독
메카닉 디자이너
비전 크리에이터
2025년 오사카·칸사이 만국박람회 테마 사업 프로듀서

https://shojikawamori.jp/en/
X: @kawamoriexpo

대표작
1982년 TV 시리즈 이후 「TV판 마크로스」의 오리지널 크리에이터의 한 명으로 알려졌다. 1984년 23세에 「극장판 마크로스」로 감독 데뷔. 그 뒤 세계에 큰 영향을 미치는 불후의 명작이 된다.
<마크로스> 시리즈 이외에도 「창성의 에쿠에리온(創聖のアクエリオン)」, 「켄지의 봄(イーハトーブ幻想〜KENJIの春)」, 「지구소녀 아르쥬나(地球少女アルジュナ)」 등 다양한 오리지널 애니메이션을 제작하고 있다. 또 DIACLONE 「배틀 콘보이(バトル・コンボイ)」, 「트랜스포머」 옵티머스 프라임」, 「천공의 에스카플로네(天空のエスカフローネ)」, 「기동전사 건담 0083 스타더스트 메모리(機動戦士ガンダム0083 スターダストメモリー)」, 「공각기동대(攻殻機動隊)」, 「아머드 코어(アーマード・コア)」, 「썬더버드 출동!(サンダーバード ARE GO)」, 「콜 오브 듀티 : MOBILE(コール・オブ・デューティ®:MOBILE)」 등 폭넓은 작품을 담당했다.
2020년 최근에는, 오사카에서 개최되는 2025년 일본 국제박람회의 테마 프로젝트 프로듀서로 임명되었다.

선정우 만화·애니메이션 칼럼니스트, 출판기획사 운영.
1995년부터 국내 매체 기고를 시작했고, 2002년부터는 요미우리신문, 「유레카」, 「파우스트」 등 일본 매체에서 한국 문화를 소개했다. 여러 저서와 번역서를 냈다. 2004년 베네치아 비엔날레 일본관 「오타쿠·인격=공간=도시」전에 전시 작품 「한국의 온라인 커뮤니티」 발표. 제25회 한국 출판평론상 평론우수상 수상.

특별 칼럼
카와모리 쇼지는?

〈마크로스〉 시리즈로 유명한 카와모리 쇼지(河森正治, 1960년생)는 메카닉 디자이너로 시작해 애니메이션 감독 등으로 활동하는 인물이다. 1975년 일본의 SF 기획 제작집단 스튜디오 누에를 찾아간 후 스튜디오 누에 주최의 SF팬 모임 '크리스탈 컨벤션'에 참가했고, 대학 진학 후 1978년 스튜디오 누에에 입사해 로봇 애니메이션 「투장 다이모스(闘将ダイモス)」에서 게스트 메카닉 디자인을 맡았다.

스튜디오 누에를 통해 주로 애니메이션 작품 메카닉 디자인을 담당하다가 1982년 TV애니메이션 「초시공요새 마크로스」에서는 오리지널 크리에이터의 한 명이 되었다. 그리고 주역 메카닉인 발키리를 디자인하고, 시리즈 구성 및 몇몇 화의 각본과 그림콘티(絵コンテ)를 담당했다. 1984년 「초시공요새 마크로스 사랑·기억하시나요」를 TV판 감독이던 이시구로 노보루(石黒昇)와 공동으로 감독했다. 1987년에는 OVA 작품 「초시공요새 마크로스 Flash Back 2012」의 구성을 담당. 그 후로 1994년 「마크로스7」의 슈퍼바이저, OVA 「마크로스 플러스」 총감독, 2002년부터 발매된 OVA 「마크로스 제로」 감독, 2008년 TV애니메이션 「마크로스F」 총감독, 2016년 TV애니메이션 「마크로스Δ」 총감독을 맡으며 〈마크로스〉 시리즈를 이끌어왔다.

그 밖에도 다양한 애니메이션에 여러 직책으로 참가해왔고, 2025년 일본에서 개최 예정인 칸사이·오사카 만국박람회 테마사업 프로듀서 중 한 명으로 취임해 '시그니처 파빌리온'을 만든다고 한다.

카와모리 쇼지는 토야마 현 지역의 산골 마을에서 태어나 요코하마로 이사를 갔다. 어린 시절부터 종이 공작을 하다가 우주에도 관심을 가지게 되었고, 학생 시절에는 그림을 그리다 고등학교에서 호소노 후지히코(細野不二彦; 만화가. 대표작 「갤러리 페이크」 등)와 미키모토 하루히코(美樹本晴彦; 〈마크로스〉 시리즈의 캐릭터 디자이너)를 만나게 된다. 당시 스튜디오 누에의 모습은 호소노 후지히코가 연재한 자전적 만화 「1978년의 만화 벌레(1978年のまんが虫)」(2023년 일본에서 단행본 출간/국내 미번역)에 등장한다. 이 만화에도 그려져 있지만, 당시 일본의 학교 동호회 활동, SF팬 모임과 스튜디오 누에, 그리고 스튜디오 누에에서의 인연을 통해 그림 그리는 일에 데뷔하는 모습은 한국에서의 1980년대 아마추어 만화 서클(각자 그린 만화를 실은 '회지'를 출간)과 1990년대 PC통신 만화·애니메이션 동호회의 '오프모임'과도 비슷하다. 또 그런 자리를 통해 프로 데뷔를 하는 경우가 있었다는 점도 유사하다. 나 역시 만화 서클 사람들과 교류하던 와중에 잡지에 기고할 기회를 얻었고, PC통신을 통해 다른 잡지들에서도 의뢰를 받아 만화·애니메이션 관련 필자로 일하게 되었다. 또 「퇴마록」(이우혁)이나 「드래곤 라자」(이영도) 등의 소설도 PC통신 게시판에 아마추어로서 올리던 것을 출판사에서 발견하여 상업 출판이 되었던 것이니, 시대와 국가가 다르더라도 비슷한 일은 언제 어디에서나 있다는 것을 느낄 수 있다.

카와모리는 1986년 홍콩의 CD 판매점에서 사인을 요청받은 일에 충격을 받았다고 한다. 1986년이면 한국에서도 극소수의 마니아들 정도가 〈마크로스〉 시리즈를 접할 때로, 수입서점에 원서로 일본 애니메이션 잡지가 조금씩 들어오던 시기다. 1990년대 초반에는 일본 패션 잡지와 애니메이션 잡지 일부가 수입서 전문서점 뿐 아니라 일반 유통으로도 학교 앞 서점에서 팔리기도 했고, 적어도 서울과 대도시 권역에서 〈마크로스〉 시리즈를 비롯한 일본 애니메이션, 만화는 학생층에 어느 정도 알려져 있었다. 홍콩과 대만, 동남아 지역도 사정은 비슷했고 미국과 유럽에도 일정 수의 팬층은 존재했다.

세계 어느 나라의 어느 문화이더라도 소수의 마니아는 항상 존재한다. 심지어 극소수에 불과하지만 한류 열풍 이전의 일본에도 한국 문화 팬은 존재했다(필자는 만화, 음악, 영화 등의 각 분야에서 오랫동안 한국 작품을 즐긴 여러 일본인 팬을 모아 기고를 받고 인터뷰를 하여 「Vision: 한국 만화를 찾는 일본인들」이란 무크지를 기획해서 2002년에 출간한 바 있다). 봉준호 감독이 미국 아카데미상에서 감독상을 수상했을 때 오래 전부터 자신의 작품을 좋아해준 쿠엔틴 타란티노 감독에게 감사를 표했는데, 타란티노 감독 역시도 한국만이 아니라 아시아와 다른 나라 영화, 그리고 미국의 컬트 영화를 오래 전부터 보아왔던 영화 마니아였다.

그런 식으로 일본 애니메이션이나 홍콩 영화, 서부 영화나 SF 소설, 판타지와 무협을 좋아한 사람들은 전 세계에 존재하고 있었다. 주류의 '메인 컬처'와는 또 다른 '서브컬처'로서 다양한 문화를 접하는 이들은 어느 시대, 어느 장소에나, 적은 수일지라도 분명히 있었다. 그리고 그런 다양한 문화를 자신의 것으로 소화하여 새로운 결과물을 낳을 때에 비로소, 오래된 문화가 계승되고 새로운 문화가 만개하는 것이다. 〈마크로스〉 시리즈 역시 다양한 일본 애니메이션이 제작되는 와중에 '세계의 창'이라는 요코하마라든지, 또 다양한 나라들의 문화와 SF적인 미래를 함께 볼 수 있던 오사카 엑스포 등의 요소를 섞어 '문화'의 모습을 전면에 내세울 수 있었을 것이다. 그리고 그것이야말로 '프로토컬처(Protoculture)'* 등 '문화(컬처)'를 뜻하는 용어가 〈마크로스〉 시리즈에 등장하는 근원이지 않을까. 그리고 그것이 21세기가 된 지금도 세계의 많은 팬들이 〈마크로스〉 시리즈를 좋아하는 이유일 것이다.

---

* 프로토컬처(Protoculture)는 은하에서 최초의 지적생명체라고 하는 선사문명을 일컫는다.

◀️이타노 이치로 씨가 특수기술 감독을 담당한「마크로스 플러스」
◀️미키모토 하루히코씨가 캐릭터 원안을 담당한「마크로스7」

INTERVIEW

선: 한국 애니메이션 팬들에게 〈마크로스〉 시리즈는 상당히 초기부터 마니아가 많았던 작품이지만, 공식 방영을 못하고 OTT도 최근에서야 소개되기 시작해서 유명세에 비해 직접 보지 못한 젊은 층도 많은 편입니다. 즉 '정보의 격차'가 있는데요. 그래도 국내에 오랜 팬들이 많고, 또 나중에라도 DVD 등으로 접한 마니아가 '마니아치고는' 상당히 많다는, 조금 역설적인 상황의 작품이라 할 수 있겠습니다.

그런 의미에서 이 책은 〈마크로스〉 시리즈 전체를, 마니아와 일반 애니메이션 팬 모두에게 소개하는 꽤 어려운 목적을 갖고 있는데요. 때문에 오늘 드릴 질문은, 한국의 일반 팬과 오랜 마니아 양쪽이 관심을 가질 만한 내용으로 하고자 합니다.

카와모리: 그렇군요. 잘 알겠습니다.

선: 이번 인터뷰에 앞서, 〈마크로스〉 시리즈를 좋아하신다는 크리에이터 분들과 인터뷰를 했습니다. 일본에서「주술회전(呪術廻戦)」TV판 1기와 극장판 감독을 맡은 박성후 감독, 그리고 스마트폰 게임인「블루 아카이브」총괄 프로듀서 김용하 PD와의 인터뷰인데요. 두 분 모두 〈마크로스〉 시리즈를 초기부터 접하면서 인상적이었다고 답했는데요.

이 세대의 한국 팬들에게는 특히「초시공요새 마크로스 사랑·기억하시나요(超時空要塞マクロス 愛·おぼえていますか)」는 훌륭한 퀄리티의 작품으로 기억되고 있습니다. 화면 연출, 구성, 스토리 및 작화 퀄리티가 이전까지 한국 TV에서 방영되던 일본의 애니메이션과 비교해 훨씬 뛰어났던 것이죠. 물론 TV판과 극장판이라는 차이도 있겠지만, 당시 한국 팬들에게 그런 구분까지는 잘 알려져 있지 않았습니다.

애니메이션을 시작할 당시

선: 그런 작품에 카와모리 님이 참가한 연령이「TV판 마크로스」에는 22세,「극장판 마크로스」에는 23세였죠.「극장판 마크로스」에는 물론 이시구로 노보루(石黒昇) 감독과 '공동감독'이셨지만 상당히 젊은 나이에 감독이 되셨는데요. 젊은 나이에 감독을 맡았음에도 뛰어난 결과를 만드셨는데, 지금 돌이켜보면 어떤 느낌이 드시나요.

카와모리:「극장판 마크로스」에 대해 말씀드리면 정말로… 저를 포함해 다들 젊었다는 생각이 우선 듭니다. 다들 젊어서 정력적이었다고 할까요. 손이 빠르기도 했습니다. 지금도 손이 빠른 분들인데 그때는 젊어서 더욱 빨랐던 것 같습니다. 반 년이란 실제작 기간에다가 작화 스태프도 지금 보면 인원이 적었습니다. 요즘 애니메이션 작품 크레딧을 보면 인원이 엄청나게 많죠. 당시 크레딧에는 원화 담당이 순식간에 지나갈 만큼 인원이 적었는데, 다들 이렇게까지 잘 만들어줬구나 하는 생각이 듭니다.

선: 감독이란 직책은 작품을 끝까지 완성시켜야 하지 않습니까. 그 많은 스태프를 끌고 가야 한다는 말인데, 젊은 나이에는 경험 면에서 어려움도 있지 않았을까요.

카와모리: 경험은 정말로 적었죠. 애니메이션 현장에 제대로 참가한 건「TV판 마크로스」때가 처음이거든요. 그 다음이 바로 극장판이고요. 너무 경험이 적으니까 모든 게 신선했고, 오히려 잘 모르기 때문에 해냈던 것도 있었겠죠(웃음). 어디까지 해도 될지 모른 채 여러 가지를 해봤다고 할까요.

선: TV판에도 기획, 설정, 메카닉 디자인, 각본 등에 참가하셨는데요. 이 작품은 카와모리 님을 포함한 젊은 스태프들과 이시구로 감독 등 베테랑이 힘을 합쳐 좋은 결과를 냈다고 할 수 있겠다. 당시 현장에서는 어떤 느낌을 받으셨나요?

카와모리: 우선 첫째로 중요한 포인트는, 당시 제가 소속된 스튜디오 누에는 애니메이션 현장이 아니라 기획과 디자인을 하는 기획 회사였습니다. 그전까지 대부분 작품이, 특히 로봇 애니메이션은 완구 회사가 생각한 로봇을 애니메이션화한 거라 할 수 있었죠. 그에 비해 스튜디오 누에는, 기획하는 입장에서 스토리나 완구의 디자인을 먼저 생각한 다음에 애니메이션을 만드는 구조였다는 점이 아주 중요한 포인트라고 생각합니다.

그렇게 스튜디오 누에 멤버들과 처음 스토리와 설정을 생각하곤 했는데요. 당시 다들 바빴고 또 제가 가장 젊으니까 여러 일을 맡겨주신거죠. 그리고 멤버 중에 유일하게 애니메이션 현장에서 직접 일하게 되어서, 기획 단계에서 생각한 게 현장에서는 어떻게 반영되는지를 알 수 있었습니다. 이시구로 감독님은 TV시리즈 제작 때부터 제가 마음대로 해도 좋다고 해주셨죠. 하지만 실패하면 네 탓이야 라고…(웃음). 그렇게 해주시니까 여러 가지로 트라이 앤 에러(try and error; 시행착오)랄까요. 많은 경험을 할 수 있었습니다. 미키모토 군[미키모토 하루히코]과 시나리오에 참가했던 오오노

기 군[오오노기 히로시]은 고등학교 동창으로 학생 때부터 알았습니다. 또 이타노 씨[이타노 이치로]는 「크러셔 조(クラッシャージョウ)」(1983년) 작품 현장에서 만났는데, 로켓 폭죽 이야기로 같이 떠들곤 했습니다. 움직임에 오리지널리티가 있는 매우 능숙한 애니메이터이죠. 그런 분들과 함께라서 여러 도전을 할 수 있었던 것 같습니다.

「TV판 마크로스」 때는 21세부터 22세까지, 「극장판 마크로스」 때엔 23세부터 24세까지였습니다. 그냥 일반 애니메이션 현장 출신이었으면 그렇게 다양한 일을 맡을 수 없었겠죠. 저는 스튜디오 누에 소속이어서 어느 정도 특권을 받은 점도 있었습니다. 당시엔 그런 걸 모르고 그냥 했었는데, 지금 돌이켜보면 꽤 터무니없는 일을 한 거죠. 제가 원작자 측이 아니었다면 도저히 할 수 없었다는 생각이 듭니다.

스튜디오 누에와의 인연

선: 스튜디오 누에에서 아르바이트 일을 하시다가 나중에 직업이 되셨지요. 초기에는 「투장 다이모스」(1978년)의 메카닉 디자인 등을 맡으셨는데, 그때엔 아직 애니메이션 현장에는 가지 않으셨나요? 〈마크로스〉 시리즈 때처럼 현장에서 작업하시진 않았는지?

카와모리: 그렇습니다. 당시엔 스튜디오 누에에서 시나리오나 그림 콘티를 받아 내용을 읽고 디자인하는 경우가 많았습니다. 감독님과 만나 이야기하는 경우도 있고, 완전히 시나리오만 읽고 발주받은 경우도 있었죠. 그래도 여러 작품을 동시에 맡아 많은 양을 경험할 수 있었던 점은 상당히 감사한 일이었습니다.

선: 스튜디오 누에는 여러 작품과 서적을 기획하고 직접 제작도 하는 일종의 '기획 집단'으로 알고 있는데, 당시 일본에도 똑같은 방식으로 애니메이션 분야에서 작업하던 곳은 없지 않았나요.

카와모리: 맞습니다. 아주 드문 형태였죠. '스튜디오 누에*'로 이름을 바꾸기 전의 회사는 1970년대부터 있었습니다. 원래 SF쪽에 강한 크리에이터가 그렇게 많지 않았거든요. 아마추어 중에선 있었지만 프로 중엔 없었습니다. 거슬러 올라가면 「마징가 Z」를 만들 때 선배인 미야타케 카즈타카(宮武一貴) 씨가 마징가 Z의 내부도해(圖解)를 그렸습니다. 나중에 「우주전함 야마토」 디자인에도 참가했죠.

또 일본의 로봇 애니메이션에 있어 중요한 일인데, 로버트 A 하인라인(Robert A. Heinlein)의 소설 「스타십 트루퍼스(Starship Troopers)」[일본어 번역판]**에 들어간 삽화 디자인을 나중에 선라이즈의 야마우라[야마우라 에이지 (山浦栄二)] 프로듀서가 마음에 들어했고, 이 때문에 「기동전사 건담(機動戦士ガンダム)」에 피드백되었죠. 그래서 스튜디오 누에 자체는 당시 SF와 애니메이션 분야에서 일종의 '리딩 컴퍼니'였다고 생각합니다.

선: 한국도 예전부터 자체적으로 애니메이션을 만들기는 했습니다. 또 초기 〈마크로스〉 시리즈팬들 세대 중에는 1960년대 말부터 한국 TV에서 일본 애니메이션이 방영되어 어린 시절부터 여러 작품을 보며 자란 사람들이 많습니다. 하지만 1990년대에는 애니메이션이든 게임이든 웹툰이든 새로운 세대의 크리에이터들이 나타났는데, 이들은 주로 온라인 네트워크[당시에는 PC통신, 이후엔 인터넷]를 통해 같은 취미의 사람들이 모여 정보를 공유하면서 크리에이터라는 목표를 가졌습니다. 그들은 스튜디오 누에의 사례를 알고 있어서 일본에는 그런 식으로 아마추어와 업계 프로 사

---

* 1972년 '크리스탈 아트 스튜디오'를 만든 주요 인물들이 1974년에 설립한 것이 스튜디오 누에였다. 초기에는 SF 잡지, 단행본 표지 일러스트 및 삽화, 애니메이션 분야 메카닉 디자인 등을 맡았는데, 1980년대에 접어들면서 작품 기획을 만드는 일이 늘어났다.
** 「스타십 트루퍼스」에 등장하는 '파워드 수츠'라는 일종의 강화 우주복을, 일본 번역판 출간 시 스튜디오 누에에서 담당한 일러스트에서 새롭게 디자인했다. 미야타케 카즈타카가 기본 디자인과 원화를 담당, 카토 나오유키(加藤直之)가 브러시업 디자인을 한 이 파워드 수츠의 디자인은 이후 일본의 메카닉 디자인 분야에 큰 영향을 미친 것으로 평가받는다.

▼오오노기 히로시씨가 각본을 맡은 「마크로스 제로」

이에 교류가 많고 원활하게 이동하는 사례도 많겠다고 생각했습니다. 그런데 그런 사례가 일본에서도 일반적이지 않고 오히려 드문 사례였다는 말씀처럼 들리는데요.

카와모리: 드물다고 할지, 애초에 그런 스튜디오라는 것 자체가 적었고, 실제 작품 제작까지 참여하는 사례도 적었던 거죠. 그렇지 않은 작품은 우연히 그 스튜디오에 SF를 좋아하는 사람이 있다거나 하는 정도일 뿐 본격적으로 전문 집단이 관여하는 일은 없었습니다.

아마추어와 프로의 관계라고 하면, 스튜디오 누에가 '크리콘' [크리스탈 컨벤션(クリスタルコンベンション)]이란 교류회를 한 달에 두 번 열었는데요. 이케부쿠로*의 찻집에 SF팬과 애니메이션 팬이 모여 같이 이야기하는 모임이었습니다. 거기에 고등학생 때부터 다니면서 그림과 디자인을 보여주곤 했는데, 스튜디오 누에 멤버들에게 이런 저런 얘기를 듣기도 하며 훈련받은 셈이죠. 저는 미술 학교에 다니지 않아서 그 모임이 좋은 경험이었습니다.

아마추어에서 프로로

선: 한국에서는 창작자가 대학이나 학과에서 배우는 경우가 많습니다. 21세기부터는 일본 대학에서도 만화와 애니메이션 학과가 늘어났습니다만, 그 전까지는 전문학교[학원]에서 미술, 디자인을 배워 취직하거나 아니면 직접 도제식으로 익혀서 프로가 되는 경우가 많았죠. 카와모리 님이 아마추어로 그러한 모임에서 경험을 쌓았던 것은 1970년대의 이야기 같은데요.

카와모리: 맞습니다. 1970년대의 이야기입니다. 1979년에 프로가 되었거든요.

선: 학교를 통하지 않고 아마추어에서 바로 프로가 되어 현장에서 경험을 쌓으셨는데, 그 과정에서 힘들었던 점이나 좋았던 점이 있을까요.

카와모리: 힘들었던 점이라면… 디자인 쪽은 미야타케 씨한테 배워서 어느 정도 감은 잡을 수 있었는데 연출 쪽은 전혀 배운 적이 없었죠. 그래서 용어를 잘 모르거나 정확하게 사용 못했던 적이 있습니다. 또 다양한 작품의 게스트 메카닉 디자인**을 맡다보니, 매주 3~4편 정도 다양한 작품의 각본과 그림콘티를 읽었습니다. 그렇게 많이 읽다보니 대략 이렇게 그리면 되겠구나 하는 느낌을 받을 수 있었죠. 그런 식으로 콘티를 그렸습니다. 연출 쪽도 아마 이러면 되지 않을까 하는 식으로 익혔습니다. 저는 심층 디자인적인 사고로 생각하기 때문에 연출도 디자인처럼 이렇게 하면 되지 않을까 하는 감각으로 했습니다.

선: 메카닉 디자인과 같은 그림 그리는 일과 연출은 서로 다르지 않나 싶은데요. 디자인과 감독 업무의 차이점과 유사점은 무엇입니까? 두 종류의 업무를 어떻게 나누어서 생각하셨나요.

카와모리: 거의 나누지 않습니다. 연출을 배운 적이 없으니 연출도 디자인 방식처럼 할 수밖에 없습니다. 예를 들어, 디자인에는 '프로포션'이란 게 있는데요. 기체의 비율에서, 비행기를 그리면

---

* 1990년대까지만 해도 아키하바라는 '전기 거리'라 하여 PC나 게임 관련 상점 위주였고, '오타쿠의 거리'라고 하면 이케부쿠로나 신주쿠 쪽이 관련 상점이나 이벤트 장소로 애용되었다
** 작품에서 작중의 몇몇 메카닉에 대해서만 디자인을 하는 경우

기수는 이만큼 주익의 위치는 이만큼이란 식으로요. 그런 '프로포션' 사고 방식을 응용해 스토리 구성할 때에 여기에서는 고조시키고 여기에서는 낮추었다가 다시 고조시킨다는 식이죠. 그렇게 보면 기본적으로 똑같다고 생각합니다. 같은 원리를 사용할 수 있으니, 그런 면의 어려움은 그다지 없습니다.

다양한 작업과 경험, 작품의 차별화

선: 애니메이션 외에도 공업 제품 디자인이나 이벤트 연출 등 다양한 작업을 해오셨습니다. 그 때 〈마크로스〉 시리즈 등 애니메이션에서 겪은 경험이 도움이 되셨는지, 반대로 다양한 작업이 새로운 〈마크로스〉 시리즈나 다른 작품을 만들 때의 아이디어가 되기도 하셨는지요.

카와모리: 일종의 '상호작용'입니다. 기획 단계부터 애니메이션을 만들다 보면 맨 처음에 세계관을 만들고, 캐릭터도 그림까진 아니더라도 성격 설정은 합니다. 즉 몇몇 캐릭터나 메카닉을 만드는 게 아니라 세계관 전체를 디자인하는 거죠. 무대 연출도 마찬가지로 전체적으로 하는 거니 그다지 차이가 없습니다. 물론 처음 하는 분야에서는 그쪽의 관습 같은 데에 맞추기도 하지만, 그런 점만 알면 원리는 같다고 생각합니다.

원리를 생각하지 않고 개별적으로만 보면 다른 분야의 일처럼 보이겠지만, 기본적으로 저는 원리를 먼저 생각하는 타입이라서요. 전혀 다른 종류의 일에서 더 생생하다고 할까요. 똑같은 일을 반복하는걸 못 견디는 성격이죠. 같은 일을 계속하면 금방 질리거든요. 되도록 다른 장르 일을 하는 게 즐겁기도 하고 아이디어를 떠올리기도 더 쉽습니다.

선: 10년 전쯤 한국을 방문했을 때 「월간 뉴타입 한국판」 잡지와 인터뷰를 하셨는데요. 거기에서 〈마크로스〉 시리즈를 만들 때에 기존의 SF 애니메이션이나 실사 영화와는 조금 다르게 만들고 싶었다고 하셨습니다. 로봇, 우주 전쟁, 이런 설정은 다른 작품에도 있지만 「TV판 마크로스」는 린 민메이라는 아이돌 가수로 차별화했다는 내용이었는데요. 그런 식으로 차별점을 고민하셨다는 말씀이군요?

카와모리: 맞습니다. 다른 작품과 명백한 차이가 없으면 '오리지널'이라고 하면 안 되지 않나 생각합니다. 재탕, 삼탕이 되어버리니까요. 확실한 오리지널이라면 다른 작품에서 하지 않은 걸 해야 된다 싶었죠. 하지만 처음 TV에서 방영했을 때 전쟁 중에 가수가 노래부르는게 부적절하다는 의견도 많았습니다. 하지만 전쟁 때 연예인이 위문단으로 전장에서 노래 부르고 춤추는 일은 꽤 있었거든요. 오히려 그 사실이 너무 안 알려져 있는 것 아닌가 싶었습니다.

또 전투 병기 애니메이션은 실제 전투 병기를 만들어 싸워볼 수는 없잖습니까. 현실적으론 장난감을 만드는 정도가 한계겠죠. 하지만 라이브 공연은 실제로 라이브를 진행할 경우가 있거든요. 제가 관여한 작품의 라이브를 보러 갔다가 거기에서 자극을 받는 경우도 있습니다. 무대 뒤의 백스테이지가 힌트가 되어 다음 작품에 참고하기도 하고요. 그렇게 여러 가지로 피드백이 가능하다는 점

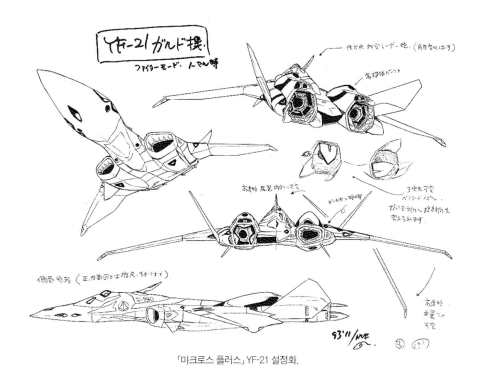

「마크로스 플러스」 YF-21 설정화.

이 재미있습니다. 특히 〈마크로스〉 시리즈에서요.

선: 한국은 징병제로 병역의 의무가 있어서 유명한 가수나 배우도 군대를 갑니다. 최근 세계적 인기 그룹 BTS의 멤버도 입대하기 시작한 게 뉴스가 되기도 했는데요.

카와모리: 아, 맞아요, 그렇죠.

선: 또 한국 아이돌 가수들은 예전부터 군대에서 위문 공연을 했습니다. 보통은 평시에 부대에서 공연하게 되지만, 1960년대 한국이 베트남전쟁에 파병했던 때에는 한국 가수들이 거기까지 가서 위문 공연을 했던 적도 있었습니다. 아예 파병되어 실제로 참전했던 인기 가수도 있고요. 그런 걸 보면 〈마크로스〉 시리즈의 모습이 한국 사람들에게는 실제 있을 수 있는 일이라는 감각이 있었습니다.

카와모리: 과연 잘 아시는군요. 정말 그렇습니다. 이런 이야기는 일본에선 좀처럼 하기 어려워서요. 저도 조사해봤는데, 미군은 2차대전 당시 전투기 파일럿이 일종의 '히어로'라고 할까요. 여자 연예인에게 인기도 있고, 진짜로 전투기에 태워준 적도 있더군요. 군대에서 어떻게 그럴 수 있나 싶긴 합니다만, 여자를 태운 채 전투했다는 기록도 남아 있거든요. 그런 점은 과연 미국답다고 할까…(웃음).

선: 「TV판 마크로스」에서 민메이는 원래 민간인이었다가 전함 안에서 데뷔한 것이지요. 마크로스 전함 안에 도시가 있고 거기에서 사람들이 생활하기 때문에, 방송도 하고 연예인이 데뷔하기도 한 것이죠. 그런데 실제 전쟁에서는 반드시 전투가 쭉 이어지는 게 아니라 전투가 없을 때도 있습니다. 한국전쟁 때에도 전선에서만 전투가 일어난 시기도 있었거든요. 후방의 민간인들은 계속 생활을 영위할 수밖에 없습니다. 「TV판 마크로스」에서 그려진 모습은 말씀하신 비판과는 달리 오히려 전쟁의 실상에 가깝지 않나 생각합니다.

카와모리: 그렇습니다. 「TV판 마크로스」 기획 단계에서 '거대한 우주 전함이 로봇으로 변형한다'고만 하면 남들도 떠올릴 수도 있겠

다 싶어서 명백한 차이점을 두려고 했습니다. 당시 같은 시기에 「율리시스 31(Ulysses 31)」*이란 프랑스 합작 애니메이션 디자인에도 참가했는데요. 그때 제가 '도시가 들어 있는 우주선'을 제안했는데, 기각되어서 아쉬운 마음에 그걸 「TV판 마크로스」에서 쓰려고 했습니다. 변형하는 도시 로봇 전함이란 건 아마 누구도 생각 못하겠지 했죠. 또 그러면 그 안에서 시민들의 활동이 가능하다는 점이 포인트였죠.

또 중요한 건, '마크로스'는 로봇이지만 그 작은 세계에 현재 지구에서 일어나는 일을 압축해서 보여주면 어떻게 비칠지를 시뮬레이션해본 것입니다. 전쟁 중이라도 싸우지 않을 때에는 역시 생활을 해야 되고 노래도 불러야 하고요. 지금도 일본이나 한국에서는 가수가 라이브 공연을 하는데 세계 어딘가에선 전쟁을 하고 있는지 모르잖습니까. 그건 지구라는 큰 사이즈에서는 종종 일어나는 일이지만, '마크로스'라는 작은 사이즈로 바꿔보면 뭔가 이상한 느낌이 들게 되죠. 바로 그 '이상한 느낌'을 노리고 싶었습니다. 실제 전쟁이란 건 이렇고, 싸우는 사람이 있어도 밥은 먹어야 되고, 아이돌 활동을 하는 사람도 있겠죠. 그런 식으로 실제 어떤 일이 벌어지고 있는지를 하나의 구조로서 보여줄 수 없을까 하는 생각을 했습니다.

다른 문화에서 얻은 경험과 반영

선: 〈마크로스〉 시리즈가 끝나고 중국을 여행하셨지요. 그 뒤에도 여행을 자주 가셨다고 들었습니다. 그 중에 전투가 일어난 지역으로 가신 경험은 있으신가요? 예를 들어 지금은 전혀 다르지만 동유럽과 같은 곳도, 1990년대엔 유고슬라비아 전쟁으로 위험했던 적이 있는데요.

카와모리: 그 전부터 제 아버지가 2차대전 때에 육군으로 중국에

* 1981년 제작된 프랑스와 일본의 합작 애니메이션. 한국 TV 방영 당시 제목은 「우주선장 율리시스」

가셨던 이야기를 들은 적이 있습니다.

공습에서 소이탄이 떨어졌는데, 뒤에 끈이 달려 있었어서 그 끈이 빙글빙글 돌면서 고도를 재서 폭발하는 것이죠. 그 끈이 바람에 날리는 방향을 보면서 "아, 이쪽은 위험해. 저쪽으로 도망치자" 하셨다더군요. 또 소이탄이 집안까지 들어왔다가 계단에 튕겨나가 밖에서 폭발했다고도 합니다. 제가 전쟁이 끝나고 15년 뒤에 태어났으니까 전쟁이 그렇게 먼 시기가 아니었죠. 올해가 「마크로스F」부터 대략 15년이잖아요? 겨우 그 정도 지나서 태어난 거니까요. 거리에 전쟁으로 부상당한 군인들이 구걸하는 모습도 흔하던 시대였습니다. 또 학생 시절에는 베트남전쟁의 기록 다큐멘터리를 보기도 했습니다.

그런 의미에서 애니메이션에서의 전쟁 묘사는 「건담」이 2차대전이라면 「TV판 마크로스」는 베트남전쟁이 모델이었습니다. 그래서 결국 노래로 전쟁을 해결한다는 것도, '수렁에 빠진' 베트남전쟁이 무기로는 해결이 어려운 상황이었다는 배경이 있었던 것이죠.

선: 〈마크로스〉 시리즈가 이문화(異文化)를 다룬 작품이란 관점도 있는데요. 실제로 〈마크로스〉 시리즈를 만들고 해외에서 다른 문화를 겪은 경험이 작품에 영향을 미치기도 했네요.

카와모리: 네, 그렇습니다. 아까 하신 질문에 대해서, 당시 일본에서도 종전으로부터 15년 밖에 지나지 않아서 아직 전쟁의 영향을 볼 수 있었습니다. 그리고 「마크로스 제로」를 만들 때에 베트남전쟁의 격전지였던 라오스를 방문했는데 거기서 겪은 체험은 엄청났습니다. 하늘에서 보면 1톤 폭탄이 떨어진 크레이터가 잔뜩 있었거든요. 정말 큰일이 벌어졌던 장소라는 실감이 들었습니다. 어떤 곳에선 불발탄을 마을의 종으로 쓰기도 하고 연료탱크를 물탱크로 쓰는 등 참 대단하다고 생각했죠.

문화에 대해 말하자면, 제가 태어난 곳은 토야마 현(富山県)의 산골인데요. 지금은 세계유산이 된 고카야마(五箇山)의 갓쇼즈쿠리(合掌造り)*로 만들어진 큰 집이 있는 지역에서 태어났거든요. 거기에서 3살까지 살다가 요코하마로 이사해서 '컬처 쇼크'를 받았

습니다. TV도 전기도 거의 없던 마을에서 갑자기 전철 같은 걸 봤으니까요. 매우 큰 자극을 받았습니다. 그게 최초의 '데카르차(デカルチャー)**'였습니다.

그리고 다음에 아폴로 계획이 있었고, 1970년에는 오사카 만국박람회[엑스포]가 있었습니다. 거기에서 처음으로 전 세계 사람들을 실제로 봤습니다. 다국적의 사람들을 직접 본 체험이 나중에 〈마크로스〉 시리즈의 밑바탕이 되었죠. 또 「마크로스F」의 프론티어 선단은 분위기가 엑스포 회장 같은 느낌이거든요. 2025년에 오사카·칸사이 엑스포에서 파빌리온 일을 맡게 되었는데, 1970년 엑스포를 못 봤더라면 이번 일은 맡지 않았을 만큼 큰 영향이 있었습니다. 그런 의미에서도 큰 보람을 느끼고 있습니다.

또 요코하마에는 커다란 차이나타운이 있죠. 민메이가 그쪽 출신이란 설정입니다. "도쿄는 일본의 중심이지만 요코하마는 세계를 향한 창"이라는 말도 있어서, 그런 영향도 받았을 겁니다. 20대에 「극장판 마크로스」를 만든 뒤 미국의 에드워즈 공군기지를 취재했는데 그 계기로 「마크로스 플러스」의 무대가 뉴 에드워즈 기지가 되었죠. 또 추크 라군(Chuuk Lagoon)이란 아름다운 남쪽 나라 휴양지에 갔는데 여기저기에 2차대전 당시의 배가 잠겨 있기도 하고, 탱크가 그냥 길에 남겨져 있었습니다. 거기에서 느껴지는 갭이 너무 컸고, 「마크로스 제로」를 만들 때에 힌트가 되었습니다.

선: 역시 여러 경험이 작품에도 영향을 주고 〈마크로스〉 시리즈가 많은 사람들에게 공감받는 원인이 되지 않았나 싶습니다.

〈마크로스〉 시리즈의 음악과 노래

선: 〈마크로스〉 시리즈를 비롯하여 '음악', '노래'를 중요하게 다룬 작품이 많은 것 같습니다. 「TV판 마크로스」에서도 차별점을 두려고 아이돌 가수라는 요소를 전쟁과 SF에 넣었다고 하셨는데요.

---

* 일본에서 폭설이 내리는 지역 주택의 건축 양식. 일본 토야마 현의 고카야마 마을에 있는 갓쇼즈쿠리 양식 주택들은 1995년 유네스코 세계유산으로 지정되었다.

** 「TV판 마크로스」에 등장하는 젠트라디인들이 지구의 '문화'를 접했을 때에 깜짝 놀라 말한, 작중의 단어.

1970 오사카 만국박람회 타임캡슐

전혀 다른 요소를 넣을 수도 있었을텐데 왜 가수나 음악을 집어넣은 것인지요?

카와모리: 「TV판 마크로스」에 가수를 넣게 된 계기는, 기획 도중 미키모토 군에게 중화 거리의 히로인을 요청했더니 가게에서 노래 부르는 그림을 그려왔더군요. 차이나 드레스를 입고 말이죠. 그걸 본 순간 가수로 할 수밖에 없었습니다. 다만 아마추어였다가 가수가 되는 내용이면 재미있겠다 싶었죠. 당시엔 일본도 아이돌 문화가 유행하던 시기였거든요. 그런데 그땐 아직 애니메이션 작업 현장을 거의 경험 못해 본 때라서, 가수를 그리는 게 얼마나 힘든지 잘 몰랐습니다(웃음). 몰라서 할 수 있었던 일이기도 합니다.

선: 〈마크로스〉 시리즈 이후에도 노래나 음악이 작품 테마와 연관되기도 했는데요. 어째서 음악을 그렇게 중요하게 생각하셨나요.

카와모리: 영상 작품이란 명칭에는 '영상' 밖에 안 들어가지만 절반은 음악이나 음향으로 되어 있으니까요. 그걸 어떻게 활용할지 많이 고민했습니다. 한 가지 힌트가 된 것은, 「우주전함 야마토」가 방영되기 전에 TV에서 예고편이 나왔는데요. 그때 우주 전쟁을 배경으로 여성이 코러스를 맡은 발라드 곡이었나? 그런 음악이 흘러나왔습니다. 그게 아주 신선해서 선명한 인상이 남았습니다. '전쟁'하면 웅장한 음악이 깔리는 할리우드 스타일이 아닌 방식도 있구나 했죠.

지금은 돌아가셨지만 유명한 음향감독이신 그룹 탁(グループ・タック)의 타시로[타시로 아츠미(田代敦巳)] 음향감독이 만드신 곡인데, 음악을 넣는 스타일에 상당히 놀랐습니다. 타시로 씨는 나중에 제가 「켄지의 봄[イーハトーブ幻想〜KENJIの春]」(1996년)을 만들 때에 참가해주셨습니다. 또 「루팡 3세」의 첫 TV 시리즈[1971년]에서도 음향감독을 맡으셨는데, 나중에 알게 되었지만 제가 좋아하는 방식으로 음악을 넣은 작품은 전부 타시로 씨 작품이었습니다. 「정글 대제」[1965년]도 그렇고요. 그렇게 할리우드와는 다른 스타일로 음악을 넣는다면 또 다른 방식으로 작품을 만들 수 있겠다고 생각했던 것입니다.

선: 역시 그 부분에서도 '할리우드와는 다른 스타일', '다른 작품과의 차별점'을 중요하게 보셨군요.

카와모리: 네. 이젠 농담처럼 말할 수 있지만, 「TV판 마크로스」를 기획할 때 어떤 작품이 개봉했거든요. 그걸 보고 와서 이타노 씨하고 이야기했는데, 너무 느려터진 작품은 만들지 말자고 했습니다(웃음). 스피드가 느껴지는 작품으로 만들자고 했죠. 저렇게 느리게 날다간 금방 격추될 거라는 얘기를 했습니다. 건방진 젊은이였던 거죠(웃음). 카메라 워크에서도 그 작품은 카메라가 지상에 있거든요. 회전시켰을 뿐이고…. 〈마크로스〉 시리즈에선 주관시점으로* 카메라를 썼죠. 그렇게 내부에 카메라를 둔 건 처음부터 그렇게 만들려고 했던 겁니다.

선: 애니메이션과 실사 영화의 차이를 드러내려 했던 것인가요?

카와모리: 아니오. 시점 카메라처럼 보이도록 그림을 그리기 어려워서, 애니메이션에서는 거의 사용하지 않던 방식입니다. 「우주전함 야마토」나 「건담」도 하지 않았고요. 그래서 변화를 줄 수 있는 포인트라고 생각했습니다. 물론 그냥 일반적인 시점 카메라가 아니라, 시점 카메라를 '휘두르는 것'을 말하는 겁니다.

「마크로스 플러스」와 「마크로스F」

선: 한국에서 「마크로스F」는 OTT로 들어왔고 곧 「마크로스 플러스」도 소개됩니다. 한국의 젊은 팬들로서는 이 두 작품으로 〈마크로스〉 시리즈를 처음 접하는 사람도 많을 텐데요. 한국의 팬들에게 작품 소개를 한다는 의미에서, 어떤 생각으로 이 두 작품을 만들었는지 말씀해주십시오.

카와모리: 「마크로스 플러스」는 원래 비디오 시리즈로 나중에 편집해서 극장판을 만들려고 했습니다. 그래서 스토리는 아주 단순하게, 인간 관계의 인원 수도 줄였습니다. 또 TV판은 보통 주인공

---

* 비행기의 움직임을 바깥의 제3자가 바라보는 카메라 워크가 아니라 비행기 자체에 카메라를 붙인 것처럼 그렸다는 의미. 영어로는 'point of view shot'이라고 하는데, 국내에서는 '주관적 시점 장면', '시점 쇼트' 등으로 표현한다.

요코하마 차이나타운의 풍경

「마크로스 플러스」의 전투장면 중

「마크로스F」의 메인 캐릭터는 미호시 학원이라는 학교에 다닌다는 설정이다.

이 성장하는 모습을 그리지만, 극장판에서는 성장보다 강한 개성의 캐릭터를 그리는 편이 나으니까 이사무란 캐릭터를 생각했습니다. 또 다들 소꿉친구 사이라는 것도 짧은 시간 안에 영화로 소개할 수 있기 때문이었죠. 당시에 이미 앞으로 AI(인공지능)가 본격적으로 나온다는 예상이 있었죠. 무인 전투기와 유인 전투기 사이의 싸움은 다른 사람도 만들 수 있을테니 거기에 AI 가수, '버추얼로이드'를 합치면 〈마크로스〉 시리즈 스타일이 되지 않을까 생각해서 만든 작품이 「마크로스 플러스」입니다.

「마크로스F」의 경우는… 그 전까지 〈마크로스〉 시리즈를 만들 때마다 새로운 컨셉을 잡으려고 노력했는데요. 「마크로스7」은 약간 만화 스타일, 「마크로스 플러스」는 할리우드 영화 같은 스타일이란 식으로 말이죠. 「마크로스F」는 25주년 작품이니까, 4반세기나 지났으니 지금까지 해본 걸 다시 해봐도 좋지 않을까 생각했습니다. 똑같은 반복은 싫어하지만 같은 내용을 변화시켜서 다시 만드는 건 해본 적 없지 않냐고 스스로에게 변명했죠(웃음). 그리고 차별점이라면 학원물을 만들고 싶었거든요. 그래서 학원물 컨셉으로 만든 게 「마크로스F」입니다.

또 한 가지 차별점이라면 가수가 다양해진 점입니다. 음악성이 다양해지는 시대라서 민메이 혼자 아이돌을 하던 시절과는 다르죠. 또 시대의 사이클도 빨라졌기 때문에, 1화부터 몇 화씩이나 들여서 가수가 된다면 다들 따라오기 힘들거라 생각했습니다. 그래서 처음부터 셰릴은 이미 유명한 가수이고, 란카가 그녀를 동경하는 구도를 생각했던 것입니다.

선: 「마크로스 플러스」에서 무인 전투기에 AI를 합쳤다고 말씀하셨는데, 당시에도 어느 정도 예측되긴 했지만 지금 보면 무인 전투기는 '드론'으로 이미 실용화되었고, 또 AI도 당시와 비교해 엄청난 발전을 했는데요. 그런 의미에선 이제 「마크로스 플러스」와 같은 세계가 가까워졌다고도 할 수 있겠습니다. 지금 같은 시대에 대해 어떻게 생각하시나요.

카와모리: 지금은 정말 변화가 빠르고, 특히 AI의 발전 속도가 빨라서 미래 예측이 무척 어려워졌습니다. 「마크로스 플러스」 시절, 아슬아슬하게 「마크로스F」 시절까지만 해도 아이디어를 하나 생각해내면 어느 정도 시대를 앞지를 수 있었습니다. 하지만 지금은 시대를 앞지르는 게 무척 힘들어진 거 같아요.

「마크로스 플러스」에서 샤론 애플이란 캐릭터를 생각해냈을 때, 샤론 애플을 제어하는 컴퓨터가 블랙박스 안에 담겨 있고 관객들

이 환호성을 지르는 장면을 그림콘티로 그렸는데요. 그걸 보고 스태프들이 이런 황당한 일이 일어날 리가 없지 않냐고 했거든요(웃음). 사람들이 진짜로 CG 아이돌에 열광할까요 하면서 말이죠. 그런데 생각보다 더 빨리 하츠네 미쿠(初音ミク)가 나와서 실현되었을 때엔 좀 충격을 받았습니다(웃음).

선: 민메이의 시대에는 솔로 아이돌, 「마크로스F」에선 서로 특징이 다른 가수가 등장했고, 「마크로스Δ」에선 그룹이 되었습니다. 작중의 가수가 그렇게 변한 것은 실제로 각각의 시기마다 아이돌의 변화를 보셨기 때문이 아닌가 싶은데요. 아이돌 문화나 가수에 대해서는 어떻게 보셨습니까?

카와모리: 특정 인물에 빠지기 보다 전체적인 무브먼트가 재미있다고 생각합니다. 새로운 토픽이 나오면 보러 간다는 감각이죠. 딱히 장르를 따지지 않고 여러 가지에 흥미가 갑니다. 랩 장르엔 아직 도전하지 않았는데, 랩은 전투 장면에 맞추기가 어려워서요(웃음). 랩에 맞추려면 스토리를 벗어나 뮤직비디오처럼 되거든요.

선: 그렇군요. 「마크로스7」에서 밴드 음악도 했고 여러 장르가 있었지만 확실히 랩은 없었네요.

카와모리: 상당히 허들이 높습니다(웃음). 참고로 「마크로스Δ」에 등장하는 왈큐레는, 「마크로스F」 TV판 만들 때부터 다음엔 그룹이라고 마음먹고 만든 것입니다.

한국과의 인연, 한국의 애니 팬들께

선: 「마크로스F」 이야기를 듣고 떠올랐는데요. 「주술회전」 제1기 감독을 맡은 박성후 씨가 인터뷰에서 카와모리 님을 꼭 뵙고 싶어서 「마크로스F」 TV판과 극장판에 모두 참가했는데 그때마다 시기가 맞지 않아 뵙지 못했다는 말을 했습니다.

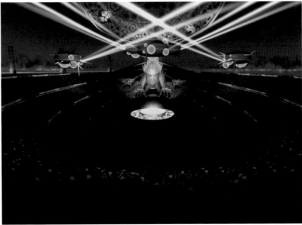

▲버추얼 아이돌 샤론 애플의 콘서트 장면
◀2023년 한국 방문시 진행한 이벤트 중에서

카와모리: 아, 그런가요(웃음). 저런저런.

선: 한국에 카와모리 님 작품을 보고 자란 크리에이터도 많으니까요. 10년 전 한국의 부천 국제 애니메이션 페스티벌에 오셨을 때 보셨겠지만 한국에 팬이 많다는 것은 알고 계셨나요?

카와모리: 이벤트에 가기 전까진 전혀 몰랐다가 깜짝 놀랐습니다. 어느 나라에 소개됐다는 정보가 일본에는 잘 들어오지 않아서요. 아시아의 여러 나라를 갈 때마다 여기에서도 방송되었구나 하고 놀라는 일이 많습니다.

선: 예전에 한국에도 여행오신 적이 있다고 알고 있는데요. 업무차 오신 것 말고 여행오셨을 때에는 어디를 방문하셨던 것인가요?

카와모리: 그때는 날짜가 길지 않았거든요. 벌써 40년 가까이 전인데, 서울하고 수원에 가서 민속촌의 무용을 보았던 기억이 납니다. 그때는 아직 한자 간판도 남아 있어서, 한글과 한자가 섞인 걸 보고 일종의 '패러럴 월드'라는 느낌을 받았습니다.

선: 애니메이션 일을 하게 된 뒤로도 한국에 오셨는지요?

카와모리: 그렇습니다. 한 20년? 15년쯤 전부터 (애니메이션 분야에서) 실력 좋은 분들이 늘어났고, 또 그때 케이팝 문화도 단숨에 발전해서 그런 전환점을 보고 놀라기도 했고 자극이 되었습니다.

선: 예전에 해외의 오지에 가셨을 때에는 일본 애니메이션을 보았던 사람이 있었나요?

카와모리: 사실 꽤 있었습니다. 1986년, 벌써 37년 전에 중국의 오지에 갔었는데요. 오지에는 TV도 전기도 없으니까 물론 보지 못했겠지만, 베이징에선 일본어로 말을 걸어오면서 「어택 넘버1(アタックNo.1)」(1969년) 주제가를 부르던 사람이 있었습니다(웃음). 그리고 윈난성에서 다 낡은 버스로 13시간 넘게 산을 넘어간 적이 있었습니다. 그때 번개가 엄청나게 치는데 라디오에서 갑자기 「정글 대제」 노래가 흘러나왔습니다. 그것도 중국인 여성이 일본어로 부르는 노래였죠(웃음). 그때는 중국과 일본이 아직 대립 중이고 국교를 회복한지 얼마 안되서 일본에 대해 아무 것도 모를

줄 알았는데 전혀 아니었던 거죠. 드라마 「오싱(おしん)」(1983년)도 알고 있었고….

그때 중국을 3주일 정도 여행했는데 마지막으로 선전 시를 갔습니다. 3층 건물도 잘 없던 평탄한 도시였는데 거기에서 홍콩으로 넘어갔죠. 고등학교 때부터 친구였던 만화가 호소노 후지히코 군이 그때 아그네스 찬이란 아이돌의 팬이었거든요. 아그네스 찬의 중국 이름이 '친 메이링(秦美玲)'이었는데, 친 메이링 CD를 사오라고 해서 CD 가게를 찾아갔습니다. CD를 사고 있는데, 갑자기 점원이 다가오더니 사인을 해달라고 하더군요(웃음). 데카르챠였죠. 어떻게 아는 거지 하고요(웃음).

선: 그 에피소드는 〈마크로스〉 시리즈에서 그렸던 '문화의 힘'을 보여주는 것 같네요. 지금은 해외에 〈마크로스〉 시리즈와 카와모리 님 팬이 많지만, 작품을 만들던 때에는 그런 생각을 못하셨을 수도 있겠습니다. 이젠 애니메이션 작품을 다른 나라에서도 쉽게 볼 수 있게 되었는데, 그렇게 변화한 상황에 대해서는 어떤 느낌을 받으시나요.

카와모리: 매우 기쁜 일입니다. 원래 〈마크로스〉 시리즈를 처음 만들었을 때부터 등장하는 캐릭터가 다국적이었으니까요. 여러 나라의 인종이 있었잖습니까. 세계에 대해 많은 관심을 갖고 있기 때문에 많은 분들이 봐주시는 것은 무척 기쁩니다.

선: 마지막 질문입니다. 이제 〈마크로스〉 시리즈의 작품이 상당히 많아졌는데요. 〈마크로스〉 시리즈를 한국의 애니메이션 팬들이 어떻게 보아주었으면 하시는지요.

카와모리: 어떻게 봐주셔도 자유니까 이런저런 말은 않겠습니다만, 기왕 봐주신다면 메카닉만, 노래만, 혹은 연애만이 아니라 그 세 가지 요소가 얽혀가는 모습을 봐주시면 좋겠습니다.

선: 바쁘신 와중에 오랜 시간에 걸쳐 인터뷰에 답변해주셔서 감사드립니다.

카와모리: 이렇게 깊이 있는 인터뷰를 가질 수 있어 감사합니다.

한국에서의
<마크로스> 시리즈

문화평론가 김익환

컬쳐 에디터, 저널리스트.
전 「월간 뉴타입 한국판」 수석기자로 다양한 기고와 번역활동을 하고 있다.
역서로는 「용자 시리즈 30주년 메모리얼 아카이브」, 「용자 로봇 디자인웍스 DX」, 「마신영웅전 와타루 & 마동왕 그랑죠 메모리얼 아카이브」 등이 있다.

<마크로스> 시리즈 이전의 시대

「초시공요새 마크로스」가 처음 세상에 선보인 1982년, 한국에서는 아직 애니메이션에 대한 인식조차 제대로 정립되지 않은 상태였다. 1960년대 말 이후 한국에서 일본 애니메이션은 수입되어 TV 방영이 되고 있었지만, 식민지 상태에서 독립한지 아직 많이 지나지 않았던 당시의 사회 분위기는 일본 문화에 대해 호의적이지 않았다. 수입 초기에 일본의 로봇 애니메이션은 TV 방영도 많이 이루어졌었으나 점점 사회적 비판의 수위가 높아졌고, 특히 군사 정권의 등장 이후로는 사회 분위기를 더더욱 경직시키면서 마치 젠트라디의 문화적 결핍 상태를 방불케 하는 상황에 이르렀다. 그러면서 로봇 애니메이션이 한국에 소개되는 사례도 드물게 되었다.

하지만 여전히 많은 우회 통로가 있었다. 예를 들어, 주한미군 대상의 방송인 AFKN은 미국의 여러 방송국 프로그램을 한 채널에서 접할 수 있었는데, 한국의 대중도 제한없이 볼 수 있는 지상파 채널이었기에 일반 가정에서도 많이 시청하고 있었다. 그런 AFKN을 통해서도 미국에 수출된 일본 애니메이션의 영어판이 방송되곤 했는데, 이를 통해 「TV판 마크로스」를 처음으로 알게 되었다는 경우도 있었다. 하지만 그것은 어디까지나 예외적 상황이었을 뿐, 일본 애니메이션이 한국에서 제대로 평가되고 받아들여지기 위해서는 좀 더 오랜 시간이 필요했다.

여명기: '린 민메이'라는 전설

1990년대에 접어들어 '하이텔'과 '나우누리' 등 PC통신이 보급되었고, 그러면서 한국에서도 본격적인 애니메이션 마니아 집단이 태동하게 되었다. 군사 정권이 종식되면서 이전보다 사회 분위기가 자유로워졌고 그만큼 외부 문화에 대한 경계나 배척도 줄어들게 되었다. 그러면서 일본 대중문화의 유입도 조금씩 속도를 내기 시작했다.

당시 마니아들에게 화제가 된 작품은 대부분 90년대 당시의 최

「초시공요새 마크로스 Flash Back 2012」의 린 민메이. 한국의 오래된 애니메이션 팬들은 지금도 애니메이션 속 최고의 가수로 그녀를 기억하고 있다.

신 애니메이션이었지만 조금 오래된 애니메이션이라도 명작으로 이름 높은 작품들은 최신작들과 함께 자주 언급되었는데, 그 대표적인 작품이 「초시공요새 마크로스 사랑·기억하시나요」였다.

이 작품에는 아동용 애니메이션에서는 볼 수 없었던 '어른들의' 삼각관계 이야기, 치밀한 SF설정과 화려한 액션 연출, 그리고 무엇보다도 그 당시 일본 대중음악의 진수가 담긴 '린 민메이'의 노래가 있었다. 민메이의 노래를 처음 접한 사람들은 그야말로 애니메이션 속의 젠트라디 마냥 그 노래에 빠져들었다. 그 감동을 잊고 싶지 않았던 팬들은 앞다투어 음악 CD를 손에 넣기 위해 할 수 있는 모든 방법을 동원했다. 당시 한국에서는 너무나 구하기 어렵고 비쌌던 LD와 비교하면, CD는 그나마 수월하게 손에 넣을 수 있었다.

한국의 마니아들이 특히 선호했던 것은 「TV판 마크로스」의 송 컬렉션과 BGM 컬렉션 CD였는데, 특히 1992년에 발매된 결정판이라고 할 수 있는 CD-BOX 「마크로스 더 컴플리트」는 당시 한국의 <마크로스> 시리즈 마니아들이 가장 선망하는 음반이었다. 이런 CD 구매 붐은 한국의 초창기 마니아들이 애니메이션 음악을 특히 중요시하는 성향으로 이어졌으며, 일본 애니메이션 중에서도 음악적으로 뛰어난 작품들이 많은 관심을 받게 되었다.

하지만 시간이 지나면서 <마크로스> 시리즈도 '고전'의 범주

에 들어가게 되었고, 그 인기도 수그러들기 시작했다. 물론 많은 마니아들은 여전히 「TV판 마크로스」를 불멸의 명작으로 인정했지만, 현재도 그렇듯이 대부분의 마니아들은 당시의 가장 최신 유행 작품에 집중하기 때문이다. 지상파 방송국 SBS와 애니메이션 전문 케이블 채널인 투니버스가 개국하면서 최신 일본 애니메이션이 좀 더 많이 방영되기 시작하였다. 하지만 그때에도 〈마크로스〉 시리즈는 이런 현상의 수혜를 입지 못했는데, SBS에서 북미판이 잠시 방영되었을 뿐 후속작이 소개되지 못한 탓이다.

「마크로스 플러스」: 한국 메카닉 마니아들을 사로잡은 작품

그러던 와중 일본에서는 〈마크로스〉 시리즈의 후속작 「마크로스II -LOVERS AGAIN-」이 OVA로 제작되었다. 이 작품은 전설적인 애니메이션 〈마크로스〉 시리즈의 후속작이라는 점에서는 한국 마니아들에게도 잠시 관심을 받았다.

「마크로스II」는 게임 잡지 등을 통해 한국에 상세한 내용이 소개된 첫 〈마크로스〉 시리즈였지만, 남자 주인공이 로봇을 조종하지 않는 것을 의아하게 생각한 사람들도 있었다.

하지만 그보다 2년 후에 등장한 「마크로스 플러스」에 대한 한국의 반응은 차원이 달랐다.

「마크로스 플러스」는 모든 면에서 당시 한국 애니메이션 마니

아들의 눈높이를 만족시키는 작품이었다. 수작업으로 만들어진 메카닉의 극한적인 디테일과 공중전 연출은 CG 애니메이션 시대인 현재에도 따라잡기 힘든 완성도를 보였고, 변신 로봇의 새 역사를 썼던 발키리를 더욱 세련되고 현실적으로 다듬은 디자인은 지금도 손색이 없다. 실제로 주역 메카인 YF-19의 새로운 프라모델은 2023년 현재도 한국에 입하 즉시 매진될 정도의 높은 인기를 보이고 있다.

〈마크로스〉 시리즈를 구성하는 노래, 삼각관계, 가변전투기의 3요소 중 「마크로스 플러스」는 가변전투기를 중심으로 한 메카닉과 액션 부문에서 특히 높은 평가를 받았지만, 다른 두 요소도

역시 만만치 않았다.

　당시는 아직 생소했던 가상현실 개념으로 만들어진 버추얼 아이돌 샤론 애플은 그야말로 첨단과학의 산물이라는 인상을 줬고, 작곡가 칸노 요코(菅野よう子)가 처음으로 참가한 애니메이션 OST 역시 커다란 호평을 받았다. 이는 예전의 「TV판 마크로스」를 이은 CD 구매 붐으로 이어졌는데, 작품 속의 린 민메이만이 주목받았던 과거와는 달리, 「마크로스 플러스」의 팬들은 칸노 요코의 음악 전체로 흥미를 넓히게 된다. 이후 칸노 요코는 일본을 대표하는 작곡가 중 한 명으로서 오랫동안 한국에서 사랑받게 된다.

　〈마크로스〉 시리즈의 또 하나의 구성요소인 삼각관계 역시 4편의 OVA라는 짧은 분량과 액션에 치중한 구성에도 불구하고 두 사나이의 갈등과 지구의 위기를 불러오는 장치로서 충분한 역할을 했다. 특히 아동용 애니메이션에서는 절대 볼 수 없었던 수위를 가진 '어른들의 이야기'는 오랫동안 '애니메이션은 애들이나 보는 것'이라는 편견에 시달리며 '어른스러움'에 집착했던 한국 마니아들의 취향에 더욱 잘 들어맞았다.

　이렇듯 「마크로스 플러스」는 당시 막 태동하기 시작한 한국 애니메이션 마니아들의 취향에 너무나 잘 들어맞은 작품이었고, 이후 한국에서의 〈마크로스〉 시리즈의 이미지를 결정짓는데 큰 역할을 맡았다. 하지만 이렇게 높은 인기와 평가에도 불구하고 해외판권 문제로 인해 한국에 정식 소개할 기회를 얻지 못했는데, 이후로 이어지는 일본문화 개방의 분위기를 타고 「건담」 시리즈나 「신세기 에반게리온」 등의 작품이 정식으로 소개되는 상황에서도 「마크로스 플러스」는 끝내 정식으로 소개되지 못하고 약 30년의 시간을 더 기다리지 않으면 안 되었다.

당시 많은 한국 팬들에게 또 한 번의 문화적 충격을 줬던 '버추얼 아이돌' 샤론 애플. 결국 발키리보다 먼저 현실에서 실현되었다.

한국에서 가장 많은 사랑을 받은 발키리 YF-19.
한국의 메카닉 계열 팬들은 최신작만이 아닌 과거 작품에도 애정을 쏟는 것이 특징이다

「마크로스7」: 한국에서 너무나 저평가되었던 작품

그런 반면, 이 「마크로스 플러스」의 형제라고 할 수 있는 작품인 「마크로스7」은 한국에서 오랫동안 정당한 평가를 받지 못했다. 이 두 작품은 기본적인 세계관과 메카닉 설정을 공유하며 거의 동시에 제작되었지만 그 분위기는 확연히 차별화되었는데, 「마크로스 플러스」쪽이 한국 마니아들의 입맛에 지나치게 딱 들어맞는 작품이었기에, 이 작품과 대조적인 분위기로 제작되었던 「마크로스7」은 그만큼 한국 마니아들에게 받아들여지기 힘들었던 것이다.

「마크로스 플러스」가 실제 미국 로케이션을 바탕으로 철저한 리얼리즘을 추구하면서 드라마에서도 어른들의 리얼한 이야기를 추구했다면, 「마크로스7」은 다분히 만화적인 연출과 더불어 음악으로 세상을 구한다는 이상론을 내세웠다. 이 부분은 일본 애니메이션을 평가하는데 있어 최대한 '어른스러움'을 추구했던 당시 한국 마니아층과는 그야말로 상극이었다. 「마크로스7」이 의도적으로 「마크로스 플러스」와 차별화한 거의 모든 부분이 유독 한국에서는 약점으로 작용한 것이다.

4편이라는 짧은 분량에 뛰어난 작화와 액션을 압축시켜 접근성이 좋았던 「마크로스 플러스」와 달리, 49화+3화의 장편 TV 시리즈인 「마크로스7」은 당연히 기본적인 작화와 연출의 퀄리티가 낮아질 수밖에 없었다. 작품의 첫인상 역시 「마크로스 플러스」의 YF-19는 사막색의 컬러와 무기질적인 고글 디자인으로 뭔가 어른스럽고 멋지다는 분위기를 풍기는 한편, YF-19와 같은 기종이면서도 새빨간 컬러에 두 눈과 입이 달린 파이어 발키리의 첫인상은 한국 마니아들이 특히 혐오하던 '애들 만화'의 분위기를 강하게 풍기고 있었다. '이번 발키리는 노래하는 발키리이고, 노래를 하려면 입이 있어야 해서 달았다'라는 작중의 개연성까지 신경 쓰는 사람은 거의 없었다.

더구나 하늘에 목숨을 건 '사나이'라는 느낌이 바로 전해져 오던 「마크로스 플러스」의 이사무와 걸드와는 달리, 「마크로스7」의 주인공 바사라의 첫인상은 무슨 생각을 하는지 알 수 없는 괴짜에다가 전쟁터에서 적을 앞에 두고도 싸우는 대신 노래만 부르고, 기타로 가변전투기를 조종한다는 파격적인 설정까지 더해지는 바람에 기존 팬들에게 철저히 외면당한다. 그나마 「TV판 마크로스」의 캐릭터들이 등장하는 직계 속편이라는 점 때문에 시청하는 사람들도 있었지만 그것도 한국에서는 전작에 대해 특별한 애착을 가진 소수의 사람들에 한정되었다.

사실 이런 첫인상은 일본 팬들에게도 마찬가지였기 때문에 일본에서도 처음에는 많은 비난을 받았다. 하지만 이후 「마크로스

7」은 1년이라는 방영기간 동안 그 특유의 분위기를 우직하게 밀어붙이며 많은 시청자들의 공감을 얻었고, 다수의 명곡을 발표하며 음악적으로도 큰 성공을 거뒀다. 그 결과, 2019년의 '전 마크로스 대투표'에서는 「마크로스7」이 「마크로스F」와 「극장판 마크로스」에 이어 3위를 차지하였으며, 주인공 바사라 역시 「마크로스F」의 셰릴에 이어 2위를 차지하는 등 현재의 「마크로스7」은 시리즈 중에서도 확고한 인기 작품으로 자리매김했다. 하지만 이는 모두 「마크로스7」이 TV로 방영되어 많은 시청자들이 1년분의 서사를 함께 했던 일본에서의 이야기였다.

이렇게 처음에는 시청자들의 반감을 불렀지만 오랜 방영기간을 통해 제작 의도가 충분히 전달되어 정당한 평가를 받은 작품의 경우, 한국에서는 첫인상만 보고 외면한 마니아들이 흥미를 잃고 돌아섰다가 한참 뒤에나 재평가를 받은 사례가 적지 않다. 비슷한

사례로 「기동무투전 G건담」을 들 수 있는데, 그 「G건담」조차 한국의 케이블 TV에서 정식으로 방영되고 프라모델과 피규어 등 관련 상품이 많이 풀리고 나서야 분위기를 반전시킬 수 있었던 것과는 달리 「마크로스7」에게는 그런 기회가 쉽사리 주어지지 못했다.

「슈퍼로봇대전」: <마크로스> 시리즈의 재평가

1990년대 당시, 한국에는 일본 애니메이션을 소개하는 전문적인 매체가 없었고 게임 잡지에서 애니메이션을 함께 소개하는 경우가 대부분이었다. 실질적으로 애니메이션 잡지의 역할을 대신했던 이들 게임 잡지들은 PC 통신과 더불어 한국의 초창기 애니메이션 마니아 문화의 많은 부분을 담당했는데, 이는 <마크로스> 시리즈에 대해서도 마찬가지였다. 당시 게임 잡지의 독자들은 「마크로스II」와 「마크로스 플러스」, 「마크로스7」에 대한 정보들을 지면을 통해 얻을 수 있었지만 그 한계 역시 명백했다. 특히 작품의 평가에 있어서는 잡지의 기자나 필자들의 주관적인 견해가 상당히 반영되었는데, 「마크로스7」의 한국에서의 낮은 평가 역시 이와 무관하지 않다.

이런 분위기를 바꾸게 된 것이 바로 2000년에 발매된 게임 「슈퍼로봇대전 알파」였다. 한국에서도 <슈퍼로봇대전> 시리즈는 슈퍼 패미콤 시절부터 어느 정도 인지도가 있었는데, <슈퍼로봇>이 한국의 거대로봇물 팬덤에 미친 가장 큰 영향은 그때까지 주로 「건담」 시리즈에 치우쳐 있던 한국 팬덤의 눈을 보다 다양한 로봇

한국에서 오랫동안 제대로 평가받지 못
했던 「마크로스7」의 상징과도 같은 파
이어 발키리. 외부 장갑을 제외하면 한
국에서 가장 사랑받던 YF-19와 동일한
기체라는 점이 아이러니컬하다.

들로 돌리게 해줌으로써 거대로봇 장르의 판을 키운 것이다. 특히 차세대 게임기로 넘어가는 과정에서 나왔던 「슈퍼로봇대전 F」는 수많은 문제를 안고 있는 작품이었음에도 불구하고 당시 최고의 인기를 구가하던 「신세기 에반게리온」의 참전을 통해 한국 시장에서도 많은 인기를 얻었다.

그 뒤를 이어 PS1의 한계성능을 보여주며 그래픽과 시스템 등을 다른 차원으로 일신한 「슈퍼로봇대전 알파」 시리즈는 한국에서도 폭발적인 인기를 얻었는데 그 과정에서 특히 큰 수혜를 입었던 작품이 바로 〈마크로스〉 시리즈였다. 「슈퍼로봇대전 알파」에서는 「TV판 마크로스」의 스토리를 분기 선택에 따라 TV판과 극장판으로 나눠서 진행할 수 있었고, 「마크로스 플러스」와의 관계도 보다 구체적으로 그려졌다. 「TV판 마크로스」를 단순히 옛날 애니메이션으로만 알았던 많은 팬들은 이를 통해 '전설의 명작'을 간접적으로나마 체험하며 〈마크로스〉 시리즈 전체의 팬으로 유입되었다.

이후 〈마크로스〉 시리즈는 「슈퍼로봇대전 알파 외전」 이후 한동안 등장하지 않다가 휴대용 작품인 「슈퍼로봇대전 D」에서 다시 돌아오는데, 여기서 처음 참전한 「마크로스7」은 싸우지 않고 노래만 부르는 주인공들을 강력한 버퍼 역할로 등장시킨 아이디어로 호평을 받았고, 이후 「제3차 슈퍼로봇대전 알파」에서는 「TV판 마크로스」와 「마크로스 플러스」, 「마크로스7」이 모두 참전하면서 애니메이션에서도 이루지 못한 시리즈의 통합을 보여줬다. 특히 「마크로스7」은 〈슈퍼로봇대전〉의 주제가를 담당하는 그룹 JAM project의 멤버인 후쿠야마 요시키(福山芳樹)가 「마크로스7」의 주인공 바사라의 노래 담당이라는 인연이 있어서 게임 시스템과 스토리에 있어서 상당한 버프를 받게 된다.

「제3차 슈퍼로봇대전 알파」는 전작들에 비해 많은 단점을 가진 게임이기는 했지만 당시가 〈슈퍼로봇대전〉의 최전성기였던 만큼 판매량과 인기는 엄청났고, 이를 통해 한국에서는 수많은 마니아들이 그동안 편견을 갖고 외면하던 「마크로스7」의 이야기와 캐릭터를 제대로 접하게 되었다. 이를 계기로 그동안 한국에서도 조금씩 늘어가던 「마크로스7」의 팬들도 수면 위로 나와 활동을 시작했다. 「제3차 슈퍼로봇대전 알파」가 공개된 2005년 시점에서는 90년대 당시보다 일본 애니메이션을 접하기도 더 쉬워졌고, 일본에서 「마크로스7」이 높은 평가를 받은 이유도 알게 되면서 팬들이 상당히 늘어나게 된다. 「마크로스7」은 이후 〈슈퍼로봇대전〉에 5회나 참가하면서 인지도를 더욱 굳혔으며, 후쿠야마 요시키가 JAM project의 콘서트 및 단독 콘서트로 자주 방한하며 바사라의 노래를 부를 기회가 늘어나면서 「마크로스7」은 한국에서도 높은 인기를 자랑하는 작품이 되었다.

이후 「TV판 마크로스」와 「마크로스 플러스」는 〈슈퍼로봇대전〉에 더 이상 참전하지 못했지만, 「마크로스7」과 「마크로스F」는 꾸준히 참전했다. 특히 「마크로스F」는 총 8회 참전을 통해 인기 작품으로서의 위상을 여실히 증명했다. 하지만 〈슈퍼로봇대전〉이 한국을 비롯한 해외 시장을 염두에 둔 진행을 시작하면서, 당시 해외판권에 문제가 있던 〈마크로스〉 시리즈의 참전은 어려워지게 된다. 그 때문인지 〈마크로스〉 시리즈 30주년 기념 게임인 「마크로스30」를 마지막으로, 그 이후 작품인 「마크로스Δ」는 일본 내 수용인 모바일 버전 이외의 〈슈퍼로봇대전〉에 참전하지 못했고,

이는 국내에서 「마크로스Δ」의 인지도가 다소 떨어지게 된 원인 중 하나가 된다. 하지만 해외판권의 문제들이 어느 정도 타협점을 찾으면서 차기작에서는 〈마크로스〉 시리즈를 다시 만날 수 있는 길이 열렸고, 이를 통해 게임을 통한 〈마크로스〉 시리즈의 인지도 회복도 다시 한번 기대할 수 있게 되었다.

「마크로스F」: 새로운 시대에 인정받다

2000년대에 들어서면서, 한국의 애니메이션 감상 환경은 DVD 시장의 활성화, 본격적인 웹 시대로 접어든 인터넷 환경, 이전과는 비교할 수 없을 정도로 활성화된 해외여행(특히 일본 관광) 등으로 인해 한국과 일본 사이의 격차가 점점 줄어들면서 일본의 최신 유행이 한국에도 바로 반영될 수 있게 되었다. 게임 잡지에 의존하고 있던 애니메이션 정보들도 일본과 협약을 맺은 정식 애니메

한국에서는 큰 관심을 받지 못했던 「마크로스 제로」. 이후 「마크로스F」와 관련성을 통해 한국에서도 다소 재조명을 받았다.

이션 잡지를 통해 들어오면서 정보의 격차 역시 거의 없어졌다.

그런 시기에 등장한 작품인 2002년 작 「마크로스 제로」는 3DCG를 이용한 메카닉 작화의 확립과 세계관의 대폭적인 재정비, 이후 시리즈로 이어지는 많은 주요 설정들의 확립 등 〈마크로스〉 시리즈에 있어서 매우 중요한 작품이었음에도 인기는 그에 부응하지 못했고 한국 마니아들의 평가도 그다지 좋지 못했다.

여기에는 한국에서 인기를 얻었던 「마크로스 플러스」 등 기존 시리즈와 비교했을 때 이렇다 할 장점이 없었던 것과, 작품 자체가 프리퀄 형식을 띄고 있기에 신규 팬들의 유입이 어려웠다는 점을 들 수 있다. 물론 국내 방영을 통한 분위기 반전도 기대할 수 없는 상황이었다.

그 직후부터 한국의 애니메이션 시청 환경은 다시 한번 격변했다. 케이블 TV의 기존 애니메이션 전문채널들이 아동 대상의 채널로 변해가는 가운데, 완전히 마니아만을 대상으로 한 새로운 전문채널이 등장하면서 일본의 최신작들을 거의 시차 없이 감상할 수 있는 환경이 조성된 것이다. 이 시기에 들어서면 일본 대중문화가 수입 금지되던 시대를 기억하는 초창기 마니아층과는 전혀 다른, 일본의 최신 애니메이션을 동시에 향유하는 것이 당연하다는 인식을 가진 신세대의 마니아층이 주류로 올라선다.

그런 상황에서 2008년에 선보인 「마크로스F」는 그야말로 신세대의 〈마크로스〉 시리즈라 부를 수 있는 작품이었다. 「TV판 마크로스」 이후 제작된 〈마크로스〉 시리즈가 가변전투기, 삼각관계, 노래 중 어느 한 가지나 두 가지 측면만이 강조되었다면, 「마크로스F」는 오랜만에 이 3가지 모두가 균형을 잘 이룬 작품이었다.

「마크로스 플러스」에 이어 또 한 번의 진화를 이뤄낸 차세대 디자인과 「TV판 마크로스」에 등장했던 초창기 발키리의 이미지를 융합시킨 새로운 발키리의 모습은 「마크로스 제로」를 거쳐 본궤도에 오른 CG 연출과 어우러지며 〈마크로스〉 시리즈의 명성을

충실히 계승했다는 평가를 받았고, 셰릴과 란카라는 대조적인 매력을 가진 두 가수를 내세운 노래 파트도 문자 그대로 당대의 애니메이션 음악계를 휩쓸어버렸다. 마치 순정만화 주인공을 연상시키는 외모와 뛰어난 조종 실력을 겸비한 주인공 알토는 셰릴과 란카 사이에서 흔들리며 〈마크로스〉 시리즈 전통의 삼각관계를 오랜만에 제대로 살려냈다는 평가를 받았다.

일본에서도 엄청난 인기를 얻은 「마크로스F」는 당연히 한국에서도 화제가 되었다. 당시 발간되고 있던 「월간 뉴타입 한국판」에서는 작품의 최신 정보가 일본과 거의 같은 시기에 기사로 소개되었는데, 당시 최고의 인기를 자랑하던 쟁쟁한 작품들과의 경쟁에서도 인기 순위 상위권에 머물며 준수한 인기를 증명했다.

하지만 다른 경쟁 작품들이 곧 국내에 정식으로 방영되어 팬덤을 더욱 굳히는 상황에서도 「마크로스F」는 TV 시리즈와 극장판 모두 국내에 정식으로 소개되지 못했다. 만일 〈마크로스〉 시리즈의 해외 진출에 문제가 없었다면 「마크로스F」는 TV 시리즈와 극장판 모두 이미 오래 전에 한국에 수입되고도 남을 만큼 매력적인 작품이었지만 그런 특수한 상황으로 인해 작품과 팬들이 얻을 수 있었던 많은 기회가 안타깝게 사라진 것이다.

이는 관련 상품에서도 마찬가지였다. 방영 당시에는 반다이를 통해 피규어나 프라모델 등 많은 상품들이 출시되었지만, 당시 국내 시장은 병행수입 중심에서 정규수입 중심으로의 재편이 거의 마무리된 상황이었다. 이로 인해 「마크로스F」의 상품들은 병행수입으로나마 들어오던 이전 작품의 상품들보다도 국내 유통이 더욱 어려워졌으며, 고가 상품의 경우는 품귀 현상도 극심했다. 그나마 아직 병행수입의 영향력이 남아있던 굿즈 시장에서는 「마크로스F」의 상품들이 상당수 유통되었으며, 코스프레나 동인 활동 등 팬덤의 움직임 역시 활발한 편이었다.

그 중 예외적인 상황은 「마크로스F」의 히로인 셰릴의 노래를 담당한 가수 May'n이 한국에 정식으로 진출했다는 것이다. 그녀

가 부른 곡들 중에는 당연히 대표작인 「마크로스F」의 노래들이 많이 포함되어 있었고, 콘서트를 개최할 때마다 매진을 거듭한 그녀의 높은 인기는 한국에서 「마크로스F」의 인기가 유지되는 데 큰 역할을 했다.

2013년에는 〈마크로스〉 시리즈의 오리지널 크리에이터의 한 사람인 카와모리 쇼지(河森正治) 씨가 부천국제애니메이션영화제를 통해 내한했다. 하지만 당시에도 〈마크로스〉 시리즈는 여전히 해외판권의 문제를 안고 있었기에 〈마크로스〉 시리즈의 상영 등 팬들이 기대했던 공식 행사는 이뤄지지 않았다. 카와모리 씨의 내한도 〈마크로스〉 시리즈가 아닌 「아냐마루 탐정 키르밍주(국

〈마크로스F 갤럭시 라이브 2021 [리벤지] ~아직 두 사람은 이제부터! 우리들의 노래를 들어!!~〉
에바타 리사씨의 라이브 비쥬얼.

내명: 쥬로링 동물탐정)」의 감독 자격이었다. 하지만 당연하게도 한국 팬들이 카와모리 쇼지 씨에게 원하는 것은 〈마크로스〉의 감독과 디자이너로서의 모습이었기에, 주최측은 '메카닉 디자인'에 대한 카와모리 씨의 강연회를 개최하여 팬들의 요망에 최대한 부응해보고자 했다.

하지만 이런 기획으로는 팬들이 원하던 〈마크로스〉 시리즈에 대한 갈망을 채우기에는 역부족이었다. 같은 카와모리 씨의 작품이라도 〈마크로스〉 시리즈와 「키르밍주」의 팬층은 완전히 달랐고, 행사의 성격상 팬들이 듣고 싶어하던 〈마크로스〉 시리즈의 내용이나 캐릭터, 연출에 대한 이야기를 모두 봉인한 채 메카닉 디자인에 대한 원론적인 이야기밖에 할 수 없었던 점은 정상적인 〈마크로스〉 시리즈 이벤트를 열 수 없었던 상황적 한계만을 여실히 드러낼 뿐이었다.

「마크로스Δ」: 새로운 흐름과 새로운 팬들

2016년에는 현 시점에서 〈마크로스〉 시리즈의 최신작인 「마크로스Δ」가 제작된다. 이 작품은 많은 부분에서 2010년대 당시의 여러 최신 유행을 받아들인 작품이었다. '노래'를 담당하는 히로인은 현실의 일본 아이돌에 가까운 걸그룹이 되었고, 이는 전통적인 〈마크로스〉 시리즈 팬덤보다도 아이돌 애니메이션인 「아

부천 국제 애니메이션 영화제를 찾은 카와모리 쇼지 감독. 〈마크로스〉 시리즈가 한국에 정식 진출할 때 다시 돌아올 것을 약속했고, 그 약속은 2023년에 이루어졌다.

「마크로스F」에서 또 한 세대가 지난 「마크로스Δ」는 팬층도 크게 바뀌었다.

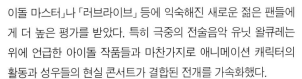

「아이돌 마스터」나 「러브라이브」 등에 익숙해진 새로운 젊은 팬들에게 더 높은 평가를 받았다. 특히 극중의 전술음악 유닛 왈큐레는 위에 언급한 아이돌 작품들과 마찬가지로 애니메이션 캐릭터의 활동과 성우들의 현실 콘서트가 결합된 전개를 가속화했다.

한국에서도 이러한 작품들을 즐기는 팬들은 매우 많았고, 「마크로스Δ」는 이들에게 충분히 어필할만한 매력이 있었다. 하지만 「마크로스Δ」가 국내에 알려진 시점에는 이미 다양한 아이돌 애니메이션이 국내에도 두터운 층을 확보하고 있었고, 이들은 정식으로 국내에 들어온 게임과 애니메이션은 물론, 각종 팬미팅과 투어 콘서트를 통해 확실한 팬서비스를 보여주고 있었다. 하지만 〈마크로스〉 시리즈의 해외전개가 여전히 제약되어 있는 상황에서 이들과 같은 방식으로 경쟁하기란 애초부터 불가능에 가까웠다. 물론, 진정한 팬심이 있으면 어떤 상황에서도 팬 활동을 할 수는 있지만 그 규모와 활동 범위는 명백하게 차이가 날 수밖에 없었다.

〈마크로스〉 시리즈의 다른 중요한 요소인 '가변전투기'에 있어서는 상황이 더욱 좋지 않았다. 「TV판 마크로스」에서 「마크로스 플러스」와 「마크로스7」, 그리고 「마크로스F」로 넘어가는 과정에서는 각 세대가 확실히 구분되는 뚜렷한 개성이 보였지만, 그 중간에 낀 과도기였던 「마크로스II」나 「마크로스Δ」는 아무래도 메카닉의 매력이 떨어지는 부분이 있었다. 「마크로스Δ」 역시 완전히 새로운 세대로 넘어가기보다는 과도기적 느낌이 강했기에 메카닉 팬들에게 전작만큼 강한 인상을 주지는 못했다.

더구나, 앞서 말한 아이돌 애니메이션적인 요소가 강조되면서

발키리의 액션 부분은 상대적으로 약화되었는데, 기존 작품에는 1~2명만 등장했던 아이돌이 걸그룹이 되면서 인원수와 곡수가 크게 늘어났고 이에 따라 작품 제작의 무게가 캐릭터씬에 집중하는 에피소드가 늘어났다. 이런 부분은 메카닉과 액션을 특히 중시하던 한국 팬들, 특히 오랫동안 〈마크로스〉 시리즈를 좋아했던 올드 팬들의 기대와는 다른 부분이었다.

마지막 요소인 삼각관계에 있어서는 주인공을 사이에 둔 두 히로인 중 한 명은 아이돌, 한 명은 주인공의 동료라는 「TV판 마크로스」에 가까운 구도가 만들어졌지만, 전체적인 스토리 자체가 연애 이야기보다는 이전의 〈마크로스〉 시리즈 세계관에서 일어난 사건들을 통합하고, 앞으로의 변화를 암시하는 내용들을 중심으로 돌아갔기에 상대적인 비중은 매우 적었다. 더구나 다수의 멤버가 등장하는 작품의 특성상 다른 멤버의 강조, 멤버들간의 관계 묘사도 필요했기에 연애 요소의 비중은 캐릭터에 초점을 맞춰 그려졌다.

「마크로스Δ」는 기존의 방대한 세계관과 '전쟁'이라는 요소를 아이돌 애니메이션과 결합시킨 시도가 돋보이는 작품이었다. 이로 인해 아이돌 애니메이션의 기준으로 보면 다른 작품과 확연히 구분되는 개성을 획득할 수 있었고, 한국에도 이 점을 평가하는 팬들이 적지 않다. 하지만 다른 아이돌 애니메이션이 해외에서 인기를 얻기 위해 펼치는 다양한 마케팅도 하지 못했다.

무엇보다 안타까운 것은 「마크로스 플러스」부터 본격적으로 형성되었던, SF 액션으로서의 〈마크로스〉 시리즈를 좋아했던 국내 팬덤이 대거 이탈해버린 것이다. 지금도 국내의 애니메이션 및

게임 커뮤니티에서는 「마크로스Δ」를 저평가하는 경향이 강한 편인데, 해당 커뮤니티들이 이전의 〈마크로스〉 시리즈에는 지금도 호의적인 평가를 내리고 있다는 점을 고려하면, 작품의 분위기와 대상 팬층의 변화가 한국에서는 다소 좋지 않은 방향으로 작용했을 가능성이 크다.

전작인 「마크로스F」를 8회나 참전시키며 홍보에 큰 역할을 했던 〈슈퍼로봇대전〉조차도 해외 진출을 염두에 둔 새로운 체제로 들어가면서부터는 〈마크로스〉 시리즈를 배제시키는 방향으로 선회했다. 이 시기와 겹쳐버린 「마크로스Δ」는 일본 내수용 모바일 이외의 정규 〈슈퍼로봇대전〉에 일절 참전하지 못했기에, 이전과는 달리 게임을 통한 간접적인 진입조차 쉽지 않았다. 이 역시 위에 설명한 게임 커뮤니티의 「마크로스Δ」 기피 현상과 무관하지 않았던 것으로 보인다.

이후 「마크로스Δ」는 「마크로스 플러스」, 「마크로스F」에 이어 애니메이션 「극장판 마크로스Δ 격정의 왈큐레」로 재구성되었는데, 이 작품은 TV 시리즈와는 달리 왈큐레에 초점을 맞춰 새로운 팬덤의 눈높이에 맞추는 한편, 극장판다운 액션 장면 역시 다수 추가했다.

「마크로스Δ」 전술음악 유닛 "왈큐레" 3rd LIVE
「왈큐레는 배신하지 않아」 at 요코하마 아리나
미타 치사토(CAPCOM) 라이브 비쥬얼

하지만 2021년의 완전 신작 속편인 「극장판 마크로스Δ 절대 LIVE!!!!!!」는 비로소 극장판에 어울리는 높은 퀄리티의 작품으로 만들어졌고 「TV판 마크로스」의 주요 인물인 맥시밀리언 지너스가 「마크로스7」에 이어 다시 등장하게 되어 과거 〈마크로스〉 시리즈 팬덤의 관심을 되돌리는데에도 성공했다.

단, 기본적으로는 해외여행이 제한된 코로나 시기에 만들어진 작품이기에 한국 팬들의 실시간 관람은 불가능했고, 유달리 안티가 두드러지는 상황에서 한국 팬들의 관심도 크게 끌지 못한 상황이었다.

歌うことは
生きること

劇場版マクロスΔ

絶対LIVE!!!!!

「マクロスΔ」完全新作
2021年公開

©2020 BIGWEST/MACROSS DELTA PROJECT

「마크로스Δ」극장판은 TV 시리즈에 비해 한국에서의 평가가 올라갔다. 기존의 한국 팬들이 선호하던 메카닉과 전투 연출의 개선이 특히 평가받았다.

드디어 한국에 상륙한 〈마크로스〉 시리즈

이후, 한국 시장을 둘러싼 일본 애니메이션들의 경쟁은 점점 치열해졌고 2017년에는 애니메이트가 한국에 정식으로 진출, 2018년에는 한국 최대의 애니메이션 행사인 AGF(Anime X Game Festival)가 처음으로 개최되었다. 같은 해에는 한국에서 가장 높은 인기를 자랑하는 아이돌 애니메이션인 「러브라이브」의 정규 콘서트가 한국에서 개최되었다. 「건담」을 비롯한 로봇 애니메이션들의 인기도 예전보다 낮아지긴 했지만 반다이 코리아의 프라모델과 피규어 마케팅은 한국에서 더욱 활발하게 전개되었다.

하지만 모든 것이 다 순탄하게 진행된 것은 아니었다. 한일관계의 악화로 인한 일본상품 배척운동이나, 코로나 유행으로 인해 대

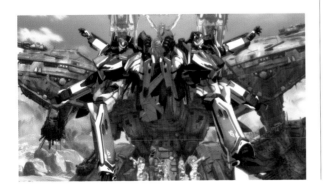

규모의 행사와 마케팅이 불가능해지고 한일간의 물리적 교류가 단절된 상황은 발전도상이었던 시장의 위축으로 이어졌다.

그러던 상황에서 오랫동안 지지부진했던 〈마크로스〉 시리즈 해외 전개가 가능하게 되면서 〈마크로스〉 시리즈가 한국에 들어올 수 있는 길이 열렸다. 그 중 가장 발빠르게 움직인 것은 반다이남코 코리아였다. 기존에는 한국에 정식 유통이 불가능했던 많은 〈마크로스〉 시리즈 상품들이 비로소 반다이남코 코리아 공식

매장과 유통망을 통해 국내에 들어오게 되었다. 그동안 〈마크로스〉 시리즈 상품의 품귀현상에 목말라 했던 마니아들은 앞다퉈 공식 사이트와 오프라인 매장으로 달려갔지만 들어오는 물건들은 한국 팬들의 열정에 비해 너무나 부족했다. 특히 마니아들의 소비욕을 자극하는 인기 상품들은 국내 반입물량이 대폭 늘어난 지금도 여전히 부족한 상황이다. 이 때문에, 현실적으로는 한국의 반다이남코 코리아 매장에서 진열되어 있는 마크로스 상품을 찾기란 일부 저가 상품을 제외하면 아직도 매우 어렵다.

그 다음으로는 드디어 2022년에 「마크로스F」가 시리즈 사상 최초로 한국 케이블 TV에서 정식 방영되었다. 방영 이후에는 물론 OTT에도 진출했고, 한국 시청자들은 처음으로 손쉽고 합법적인 방법으로 〈마크로스〉 시리즈의 애니메이션을 즐길 수 있게 되었다. 하지만 일본 방영으로부터 14년이나 지난 시점은 인기를 회복하기에는 늦은 타이밍이었기에 한국 팬덤의 반응은 예상보다도 덤덤했다.

그 뒤를 이어서 한국 시장에 정식으로 소개되는 작품은 「마크로스F」 보다도 더욱 오래된 작품인 「마크로스 플러스」이다. 국내에서 처음으로 블루레이로 출시되는 「마크로스 플러스」에 대한 반응은 「마크로스F」와는 다르게 상당히 열광적이었는데, 이는 당시의 세대가 「마크로스 플러스」를 보고 받은 충격이 워낙 컸던 것과 더불어, 작품에 한 번 꽂히면 30년, 40년 뒤에도 계속 기억하고 소비하는 메카닉 계열 마니아들의 성향을 정확히 자극했기 때문이다.

현재 한국에 전개될 다음 작품으로서는 「마크로스7」과 「마크로스Δ」가 거론되고 있는데, 이 두 작품은 제작된 시기와 작품의 분위기는 물론 팬층마저도 매우 다르다. 「마크로스7」의 경우는 오래된 작품이라는 단점이 있지만 반대로 오래되고 충성도 높은 팬층을 끌어들일 수 있는 매력도 있다. 특히 바사라의 노래를 담당한 후쿠야마 요시키가 그동안 꾸준히 한국을 찾으며 많은 팬을 확보했다는 것은 음악이 중심이 된 작품인 「마크로스7」의 성공 가능성을 한층 높여준다.

한국의 반다이남코 코리아 직영점에서 정식 판매 중인
〈마크로스〉 시리즈 관련 상품.

반면 「마크로스Δ」는 현 시점에서 가장 최신 작품이고, 젊은 세대의 팬들을 끌어들일 수 있다는 장점이 있다. 하지만 이전 시리즈 팬들에게는 그다지 호감을 못 받고 있다. 왈큐레가 2023년 6월에 마지막 단독 라이브를 했다는 점은 다른 아이돌 애니메이션과 경쟁하는 입장에서는 불리하게 작용할 수도 있다.

하지만 이미 많은 한국 팬들의 시선은 이미 제작이 발표된 신작으로 쏠리고 있다.

〈마크로스〉 시리즈의 해외판권 문제가 어느 정도 수습된 후 처음으로 만들어지는 신작은, 이전과는 달리 처음부터 전세계 전개를 의식한 내용으로 만들어질 가능성이 크다. 물론 그 전세계에는 한국도 포함될 것이며, 그 사이에 속속 전개될 〈마크로스〉 시리즈는 그동안 한국 팬들이 느꼈던 갈증을 해소시켜 줌은 물론, 세계적인 〈마크로스〉 시리즈 붐을 준비시켜 이번에야말로 가장 '새로운' 〈마크로스〉 시리즈를 제대로 만나볼 수 있게 해줄 것이다.

<마크로스> 시리즈가 없었다면
「에반게리온」도 없었다?!

　<마크로스> 시리즈의 첫 작품인 「TV판 마크로스」의 치프 디렉터 이시구로 노보루(石黒昇)는 「우주전함 야마토」를 비롯해 「메가존 23」, 「은하영웅전설」 등 거대 우주선이나 전함과 관련된 작품을 많이 만든 것으로 유명하다. 그의 또 하나의 업적으로는 당시 22세의 메카닉 디자이너였던 카와모리 쇼지의 재능을 알아보고, TV 시리즈 27화의 연출을 거쳐 「극장판 마크로스」의 감독으로 데뷔시킨 것이 있다. 이와 거의 같은 시기에 이시구로 감독이 일찍이 그 재능을 간파하고 애니메이션 업계로 끌어들인 인물이 바로 안노 히데아키(庵野秀明)다.

　원래는 「우주전함 야마토」 제작 당시, 그 시대에는 폐기물로 버려질 예정이었던 촬영 후의 셀화를 얻으러 온 초창기 오타쿠들 사이에서 안노를 본 것이 첫 만남이었다고 한다. 이후, 안노가 동료들(훗날의 GAINAX 멤버들)과 함께 만든 「일본 SF 대회 제20회 대회(DAICON Ⅲ)」의 오프닝 애니메이션을 본 이시구로 감독은 안노를 자신의 스튜디오로 데려와 마침 제작 중이던 신작 애니메이션 제2화의 메카 수정을 의뢰했다. 그 작품이 바로 「TV판 마크로스」였고 안노 히데아키의 프로 데뷔작이었다. 이 작품의 원화 스태프로서 이시구로 감독에게 소개받은 이타노 이치로를 스승으로 모시며 많은 것을 배웠다. 만일 「TV판 마크로스」라는 작품이 없었다면, 안노 히데아키가 남긴 전설적인 작품들은 이 세상에 존재하지 않았을 지도 모른다.

<마크로스> 시리즈의 감독이
한류를 예언했다?!

　다음은 2000년도 당시, 요요기 애니메이션 학원의 강사로 활동하던 이시구로 노보루 감독이 학생들에게 이야기했던 에피소드의 일부다. 당시, 이시구로 감독은 어느 작은 애니메이션 스튜디오에서 급한 의뢰를 받았다. 그 의뢰는 바로 한국의 어느 방송사에서 발주한 사극 애니메이션의 감독이었다. 10화 정도가 제작된 상태에서 기존의 감독이 현장을 떠나버렸기에 그 대타를 맡아주었으면 한다는 것이다.

　이시구로 감독은 작품 제작에 앞서 이미 일본에도 방송되고 있던 해당 사극을 감상하고 거기에 흠뻑 빠져버렸다. 그가 가장 높게 평가한 것은 한국의 드라마와 영화에는 주제와 내용을 분명하게 전달하는 연출의 기본이 살아있었다는 것이었다. 이후 해당 애니메이션의 제작은 끝내 좌초되었지만, 이시구로 감독은 자신의 수업을 듣던 학생들에게 기본기가 탄탄한 한국의 드라마와 영화가 이후 일본을 넘어설 수도 있다고 말하며, 한국의 드라마를 공부하는 것이 창작에 도움이 될 것이라고 말했다.

　그 시기는 「겨울연가」가 일본에 상륙하기 2년 전이었고, 이후 이시구로 감독의 예상대로 일본에서는 일대 한류 붐이 일어났다. 그리고 한국의 드라마나 영화는 현재 세계에서 인정받는 수준으로까지 성장했다. 일찍이 카와모리 쇼지와 안노 히데아키의 재능을 알아봤던 이시구로 노보루 감독은 한국 대중문화의 가능성 역시 일본 애니메이션 업계의 누구보다도 먼저 간파했던 것이다.

<마크로스> 시리즈와의 만남

<마크로스> 시리즈를 우리나라에 처음으로 정식 소개하는 도서 발간을 기념해 우리나라에서 <마크로스> 시리즈와 인연이 깊은 분들을 모시고 인터뷰를 진행했습니다.
첫 번째로 모실 분은 바로, 「주술회전(呪術廻戦)」으로 우리에게 너무나 잘 알려진 애니메이터이자 감독이신 박성후 감독님입니다.
<마크로스> 시리즈를 보고 애니메이션을 만들자고 결심하셨다는 이야기로 유명하신데요. 현재 애니메이션 업계에서 다양한 작품에의 참여와 유명 작품들을 제작하신 감독님을 모시고 <마크로스> 시리즈와의 인연, <마크로스> 시리즈 작품들과 애니메이션에 관한 이야기를 나누어 보았습니다.

interviewer 선정우

박성후
(朴性厚, SUNGHOO PARK)

프로파일
현 주식회사 E&H PRODUCTION 대표이사

2004년 스튜디오 코메트 입사
2014년 「GARO -VANISHING LINE-」으로 감독 데뷔.
2020년 「갓 오브 하이스쿨」 애니메이션,
「주술회전(呪術廻戦)」, 「극장판 주술회전 0(劇場版 呪術廻戦 0)」 감독
2021년 3월, 주식회사 E&H PRODUCTION 설립

⟨마크로스⟩ 시리즈와의 만남

선정우: 박성후 감독님의 과거 인터뷰를 보면 「초시공요요새 마크로스 사랑·기억하시나요」를 좋아하신다고 자주 언급하셨습니다. 이 작품은 ⟨마크로스⟩ 시리즈 중에서도 초기 작품인데, 당시 감상은 어떠셨나요? 어떤 면을 보고 좋아하게 되셨는지요.

박성후: 어렸을 때 선라이즈 작품 등 여러 로봇 애니메이션을 좋아했었는데, 당시에 잘 없었던 요소, 삼각관계라든지 음악, 아이돌, 거기에 메카닉 액션이 들어간 장르, 색다른 요소가 들어간 작품을 처음 접해봤던 것 같아요. 어린 시절에는 로봇 애니메이션을 그냥 좋아해서 보던 시청자였는데, 작품에 대한 테마나 서사 등에 대해 좀 더 많은 관심을 가지게 된 것이죠. 그래서 더 빠져들었던 것 같습니다.

선: 말씀대로 ⟨마크로스⟩ 시리즈는 이전까지의 메카닉 애니메이션과 다른 새로운 작품이었다는 평가를 많이 받았습니다. 물론 이전 작품들도 계속 새로운 액션이나 서사를 만들어왔고 그런 바탕 위에서 만들어졌겠지만, 현재 감독님의 작품을 만드는 데에 「극장판 마크로스」가 영향을 미친 부분이 있을까요?

박: 엄청나게 많은 참고가 되었습니다. 마지막 전투에서, 민메이가 노래를 부르는데 그 노래에 맞춰 발키리를 출동시키고 전진하는 장면이 나옵니다. 그 장면에는 뮤직비디오적인 요소도 많았고, 음악의 리듬에 맞춘 액션을 보여주었습니다. 컷 분할에 있어서도, 음악의 템포에 맞춘 액션을 보고 제가 그 장면을 너무너무 좋아했습니다. 최근에 만든 「주술회전」이란 작품에서도, 마지막 24화를 보시면 제가 그런 장면을 만들고 싶었거든요. 그래서 「극장판 마크로스」의 마지막 장면에서 영감을 얻어 음악적 요소를 접목했고, 보컬의 템포를 맞춰서 컷분할하는 연출을 했습니다. 생각해보면 꼭 「주술회전」만이 아니라 제가 만드는 작품에는 그런 요소들이 자주 들어가는 것 같습니다. 액션에 대해 그런 식으로 음악의 리듬과 템포를 맞춰 만드는 방식을 많이 참고하고 있습니다.

선: 말씀을 듣고 보니, 확실히 감독님의 작품에서 그런 액션 장면의 독특한 특징이 나타나는 것 같네요. 그런 식으로 어릴 적에 작품을 보면서 평범한 연출과는 조금 다르다는 점을 잡아낼 수 있었던 것이, 지금 작품의 연출을 만들어내는 데에도 연결된다는 말씀이시군요.

박: 네, 그렇죠. 예를 들어 그 당시 일반적인 로봇 애니메이션에는 로봇만 나왔다고 한다면, '모든 이들의 아이돌'인 민메이가 평화를 위해 만든 음악에 액션을 접목시켰다는 점이 너무 독특하고 있을 수 없는 연출이란 느낌을 받았던 것이죠. 그래서 저도 작품을 만들 때마다 그런 연출 방식을 찾아내고자 계속 노력했던 것 같습니다.

선: ⟨마크로스⟩ 시리즈는 캐릭터, 메카닉, 스토리도 물론 히트 요인이었지만, 애니메이션으로서의 '연출'이란 측면에서도 획기적인 작품이었다고 생각합니다. 감독님께서도 특히 그런 측면에서 ⟨마크로스⟩ 시리즈로부터 배운 점이 있다는 말씀 같네요.
⟨마크로스⟩ 시리즈는 「TV판 마크로스」와 「극장판 마크로스」에 이어 계속해서 후속작이 이어져 왔는데요. 그 중에서 감독님이 애니메이션 업계에 들어간 이후에 만들어진 「마크로스F」의 원화에 참가하셨습니다. 「마크로스F」에 대한 감상은 어떠셨는지요?

3D로 만들어진 「마크로스F」의 발키리 VF-25F 메사이어.

박: 참가했던 계기라고 한다면, 일본 유학을 갈 때 생각했던 개인적인 목표가 있었는데요. 「카우보이 비밥(カウボーイビバップ)」을 정말 좋아해서 와타나베 신이치로(渡辺信一郎) 감독님 작품을 하고 싶고, 그리고 안노 히데아키(庵野秀明) 감독님 작품을 하고 싶었습니다. 그리고 또 정말 참여하고 싶었던 것이 카와모리 쇼지(河森正治) 감독님 작품이었습니다.

특히 〈마크로스〉 시리즈라면…. 꿈을 가지고 일본에 유학한 후 업계로 들어갔는데, 그때 제 옆에서 일하시는 분이 「마크로스F」일을 하고 계시더라고요. 저도 거기에 너무 참여하고 싶었고, 그래서 저도 소개를 좀 해달라는 부탁을 했습니다. 그렇게 소개를 받아 참여할 수 있었습니다.

재미있던 일화를 한 가지 이야기해드리죠. 그 당시 발키리는 3D로 만들어지고 있었거든요. 그래서 연출하시는 분께, 원화 그릴 때에 발키리는 굳이 그려넣을 필요가 없다는 말을 들었습니다. 그 다음 단계에서 3D로 직접 넣을 것이기 때문요. 그런데 제가 발키리를 너무 그리고 싶었거든요. 그래서 3D인데도 제가 발키리를 수작업으로 다 그렸던 기억이 납니다. 그 정도로 발키리를 너무 그리고 싶었던 것이죠.

선: 그럼 그 수작업으로 그린 발키리는 작품에 사용되지 않은 것 아닌가요?

박: 사용되진 않았죠(웃음). 3D였으니까….

선: 그럼 사용되지 않을 것을 알면서도, 너무 그리고 싶으셔서 그리셨다는 얘기군요.

박: 예, 제가 그리고 싶어서 발키리를 그렸습니다.

선: 원화로 참여한 것이 16화라고 하던데요. 어떤 장면인가요?

박: 그렇게 중요한 장면은 아니었습니다. 그냥 발키리를 타고 조종석 안에서 서로 이야기를 나누는 장면인데요. 그 중에 조종석 밖에 발키리가 날아가는 모습이 나오는 장면이 있어서, 그냥 발키리가 우주에 떠있을 뿐인 그 장면의 발키리를 제가 그렸던 것입니다. 그렇게 그 장면을 그렸는데, 나중에 극장판 이야기도 나와서 극장판도 참여해줄 수 있겠냐 하고 오퍼가 왔죠. 극장판의 그 파트를 카와모리 감독님이 직접 연출을 하셨습니다. 콘티도 직접 그리셨고요. 그래서 카와모리 감독님을 꼭 만나고 싶어서, 제가 그 당시에 정말 바쁘던 시기였지만 참여했거든요. 그래서 이번엔 정말 (카

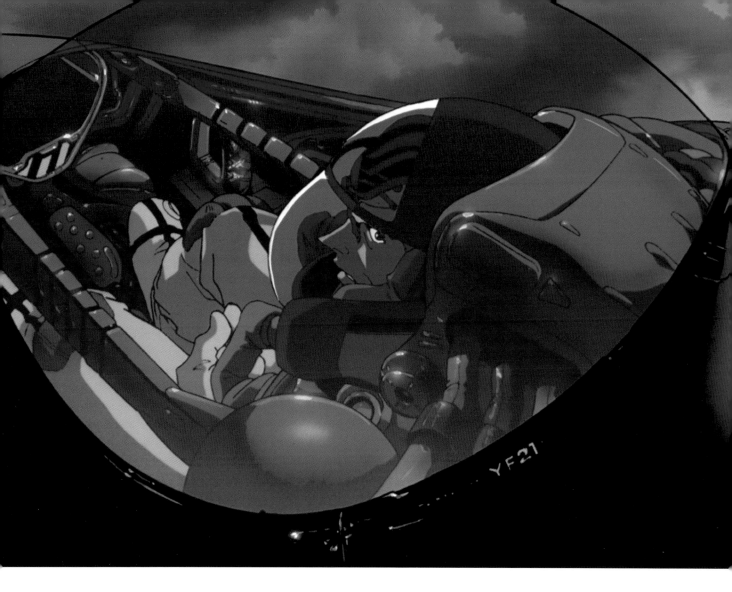

와모리 감독님을 만난다는) 제 꿈이 이루어지겠구나 생각했습니다. 그리고 작화 회의를 하러 찾아갔습니다. 그랬는데 마침 카와모리 감독님께서 홋카이도에 '은하라면(銀河ラーメン)'을 만들러 가셔야 한다고 해서···. 란카가 라면을 배달하는 장면이 있는데, 그 은하라면을 직접 본인이 만드셔야 한다고 해서 홋카이도로 가시는 바람에 결국 감독님을 또 못 만났죠(웃음). 아쉽지만 그래도 극장판에 참가할 수 있어서 영광이었습니다.

그리고 「마크로스F」에 대한 감상은··· 물론 재미있게 봤습니다. 삼각관계 등 〈마크로스〉 시리즈로서의 요소도 많이 들어가 있었고요. 그러면서도 특히 색다른 음악이라든지, 3D 액션 장면 등이 잘 어우러진 작품이어서 재미있게 본 기억이 있습니다.

선: 그런데, TV판만이 아니라 「마크로스F」 극장판 두 편(※2009년과 2011년)에 다 참가하셨는데, 두 편 모두 카와모리 감독님과는 만나지 못하신 건가요?

박: 예, 그렇습니다.

선: 그렇군요. 카와모리 감독님 인터뷰도 하게 되는데, 말씀을 전달하도록 하겠습니다(웃음).

박: 꼭 좀 부탁드리겠습니다(웃음).

선: 「마크로스F」 이외의 〈마크로스〉 시리즈 작품 중에서 또 인상 깊게 보신 작품이라면?

박: 「마크로스 플러스」는 제게 인생 작품이라고 할만큼의 또 다른 임팩트를 남긴 작품입니다. 「마크로스 플러스」를 너무너무 좋아합니다. 메카닉 디자인도 그렇고, 성인 관객들이 볼 수 있는 요소

도 많았던 것 같고···. 카와모리 감독님은 총감독을 맡으셨고, 와타나베 감독님이 감독을 맡으셨는데요. 제가 와타나베 감독님을 너무 좋아하는 팬이기도 해서요. 와타나베 감독님의 연출 스타일이 〈마크로스〉 시리즈에 잘 어울렸죠. 색다른 세계관이나 인물 관계를 보여주기도 했고요. 또 마치 실사영화와도 같은 카메라 앵글도 인상적이었습니다.

또 제가 알기로는 「마크로스 플러스」에서의 '이타노 서커스' 액션이, 셀화로 표현된 것으로서는 가장 마지막이었다는 이야기를 들은 적이 있는데요. 특히나 작화에 있어서는, 지금 다시 보아도···. 제가 아무리 노력해도 그릴 수 없을 정도로, 신의 경지라고 해도 과언이 아닐 만큼의 작화가 나왔거든요. 그래서 일본에 처음 와서 제가 제일 먼저 샀던 것이, 맨 처음은 「극장판 마크로스」 DVD였습니다만 그 다음으로 「마크로스 플러스」 OVA, 그리고 무비 에디션 DVD를 샀습니다. 없는 돈을 긁어모아서 산 것인데, 아직도 간직하고 있습니다. 그래서, 「마크로스 플러스」도 정말 좋아하는 작품입니다.

선: 말씀대로 「마크로스 플러스」는 애니메이션의 액션 연출이 인상적이었는데요. 1980년대에 한국 팬들은 처음에 「극장판 마크로스」를 특히 좋아했고, 그 다음 1990년대에 〈마크로스〉 시리즈 팬층을 늘린 작품이 바로 「마크로스 플러스」였죠. 작화와 연출이 획기적이었기 때문에 그랬던 것인데요. 감독님 같은 경우엔 어린 시절에 어떤 식으로 애니메이션을 좋아하게 되신 건가요? 그 결과로 지금 이렇게 애니메이션 업계에까지 들어오셨는데요. 함께

애니메이션을 좋아하고 이야기하던 친구가 있었다거나, 그런 경험이 있었나요?

박: 제가 초등학교 6학년 때 「극장판 마크로스」를 봤고 그 후에 애니메이션 감독을 하고 싶다는 꿈을 꾸게 되었습니다. 애니메이션과를 가고 싶다는 생각에 중고등학교 때에는 미술학원에서 미술을 시작했습니다. 고등학교 들어가서는 동아리 활동을 하는데 만화나 애니메이션부가 없어서 제가 고등학교 2학년 때 만화·애니메이션부를 만들었습니다. 고등학교 안에서 만화나 애니메이션 장르에 대해 같이 토론하고 이야기할 수 있는 동아리를 만들고 싶어서요. 그렇게 서로 좋아하는 작품 이야기도 하고, 좋아하는 감독이나 연출 스타일 이야기도 하고…. 그렇게 재미있게 지낸 기억이 있습니다.

선: 그렇군요. 〈마크로스〉 시리즈가 스토리나 설정, 캐릭터 등 다양한 부분에 있어서 아주 획기적인 작품이었으니까, 그런 식으로 같이 토론하거나 할 때에 토론의 소재가 되기 좋았죠. 그 중에서도 특히 연출에서는 애니메이션에 대해 꿈을 가진 분이라면 좋아할 수밖에 없었던 작품이란 생각이 드는데요. 감독님 작품에서도 특히 액션이나 연출에 신경 쓰면서 애니메이션 표현을 만들고 싶어하는 분이라는 느낌을 받을 수 있기 때문에, 좋아하는 작품에 대해 이야기하시는 내용을 들어보면 확실히 그런 작품을 좋아해 온 분이기에 이런 식으로 연출을 하시는구나 하고 납득이 갑니다.

음악과 애니메이션 연출

선: 작화와는 또 다른 측면에서, 음악도 애니메이션 연출에 있어 중요한 요소입니다. 〈마크로스〉 시리즈도 음악이 중요한 요소이자 테마인 작품이기도 한데요. 감독님은 애니메이션을 만들 때에 그림과 음악에 대해 어떤 자세로 창작에 임하시나요?

박: 개인적으로 음악의 여러 장르를 좋아합니다. 밴드 음악, 케이팝 등 장르를 불문하고 좋아하는데요. 항상 작품을 만들 때에 저는 음악에 대해 가장 먼저 이야기를 하는 것 같아요. 물론 〈마크로스〉 시리즈의 영향도 있겠지만, 연출의 표현을 드러낼 수 있도록 만드는 것이 음악이라서요.

음악에 대해서는 두 가지를 생각하면서 접근합니다. 연출하는 입장에서, 캐릭터의 감성을 가장 잘 드러낼 수 있는 것은 음악이라고 생각합니다. 애니메이션에서는 캐릭터를 수작업으로 그려서 움직이게 만드니까 그림으로 감정 표현을 하는 것도 당연히 중요합니다만, 연출자가 그 감정을 연출하는 의도를 가장 잘 표현할 수 있는 게 음악이라는 것이죠. 음악을 통해 특징을 잡고 감정을 표출할 수 있습니다. 어떤 음악을 사용하는지에 따라 캐릭터의 감정이 어떤지를 가장 잘 표현할 수 있거든요. 그래서 그 표현을 하기 위해 우선적으로 신경을 씁니다.

또 캐릭터의 감정을 보고 음악을 고르는 경우도 있지만, 반대로 음악을 듣다가 그 음악에 맞는 연출을 찾게 되는 경우도 있습니다. 예를 들어, 첫 감독작인 「GARO -VANISHING LINE-」 때에, 제가 운동을 하면서 어떤 음악을 들었는데요. 린킨파크(Linkin Park)의 곡을 EDM으로 리메이크한 음악이었는데, 그걸 듣다가 이 음악에 맞춘 액션을 만들고 싶다는 생각이 갑자기 들었습니다. 그게 23화였는데, 그 음악을 들으면서 느낀 감정을 시나리오에 접목시키고 음악에 맞는 템포로 콘티를 만들고 음악에 맞는 액션을 만들었습니다. 마지막 엔딩 장면까지 그 음악의 흐름으로 만들었던 기억이 납니다.

그 정도로 애니메이션에서 음악은 감정이나 액션 등 모든 것을 표현할 수 있다는 생각을 갖고 있습니다. 그래서 작품을 만들 때에는 항상 그 부분을 중시하면서 작업을 합니다.

선: 그렇군요. 예전에 한국에서 열린 「극장판 주술회전 0」 GV나 다른 인터뷰에서도 음악에 관한 이야기를 하신 것으로 기억합니다.

〈마크로스〉 시리즈의 음악은 연출의 수단은 물론이고 주요 테마의 하나이기도 하다. 「극장판 마크로스F~이별의 날개~」 중에서.

또 작품을 보면 음악이 특징적으로 사용되는 장면도 있었고요. 그래서 질문을 드리던 것인데, 실제로 그렇게까지 음악을 중시하면서 작품을 만드셨군요. 확실히 음악과 연출의 접목이야말로 애니메이션이란 장르 자체의 중요한 특성이겠습니다만. 감독님 작품에서는 특히 그런 느낌을 강하게 받을 수 있었는데, 실제로도 그런 생각을 하시면서 작품을 만들어오셨던 것이군요.

박: 네, 그렇습니다.

언어의 장벽

선: 이것도 '소리'라는 측면에서의 다른 얘기일 수도 있겠는데요. 또 한 가지 질문을 드리면, 해외에서 일을 많이 해오셨는데요. 아, 그 전에 지금은 회사를 옮기시고 새 회사를 만드셨다고 들었는데, 지금은 주로 일본에 계시는 건가요?

박: 아, 제가 「주술회전」이 끝나고 나와서 회사를 설립해서 제 다음 작품을 제작 중입니다.

선: 해외에서 애니메이션 공부를 하시고 쭉 일을 해오셨던 셈인데요. 애니메이션은 공동 창작이라 여러 사람들이 함께 만드는 것인데, 일본 작품을 만드시려면 각본도 일본어로 썼을 것이고 캐릭터의 성우들도 일본어로 연기를 하는데요. 아무래도 작품을 만드는 데에 있어서 '언어의 장벽'이 느껴질 수 있을 것 같습니다. 공동

으로 창작 작업을 하려면 스태프들과 상당히 깊이 있는 대화를 나누어야 할 경우도 있을 테니 말이죠. 외국어가 어느 정도 가능하더라도 업무를 위한 깊이 있는 대화가 쉽지는 않을 텐데, 혹시 그런 경험이 있으셨나요?

박: 그렇죠. 지금도 일본에서 일을 하니까요. 그렇지만 일본 뿐 아니라 미국이든 유럽이든 다른 나라에서 일할 때에는 외국인이란 것을 떠나서 하나의 팀으로서, 그 팀의 일원으로 확실하게 녹아들아가는 것이 중요하다고 항상 생각합니다. 그래서 일본어도 열심히 공부했고, 어느 정도 자유롭게 의사 소통은 되는데요. 그래도 아직까지 각본을 볼 때 어려운 한자가 나오기도 해서, 그런 부분은 개인적으로 찾아보고 노력하면서 배우고자 합니다. 어려운 부분도 있지만 각본이나 시나리오를 전체적으로 확실하게 이해한 후 콘티 작업에 들어가고 있고, 그 다음 각본이나 콘티를 수정할 때엔 그 언어 체계를 제대로 이해해야 하니까요. 지금도 아직 잘 모르는 일본어는 계속 배우려고 합니다.

선: '언어의 장벽'에 대한 질문을 하는 이유는, 〈마크로스〉 시리즈야말로 인류와 인류 이외의 존재, 즉 '이문화(異文化)'와의 접촉'에 관한 이야기잖습니까. 말하자면 서로 다른 문화를 가진 이들이 만나서 생기는 '문화적 충돌'을 그린 작품이라고 할 수 있을 텐데요. 지금은 세계가 '글로벌'화되면서 그런 내용을 그린 작품이 많아졌는데, 〈마크로스〉 시리즈는 상당히 앞서서 애니메이션으로 표현한 작품이었습니다. 완전히 다른 문화와의 접촉, 음악을 아예 몰

〈마크로스〉 시리즈 세계관에서 대표적인 '이문화'는 '프로토컬쳐'에 의해 생겨나 다양한 모습으로 등장한다. 시리즈 중 가장 이른 시기를 다룬 「마크로스 제로」 중에서.

랐던 외계인들이 음악을 듣게 되는 이야기. 외국에서 오랫동안 일하면서 언어의 장벽, 문화의 차이 등 실제 작업과 생활 속에서 느끼신 점이 많을 듯 한데요. 특히 공동으로 창작 작업을 한다는 것은 일반적인 다른 업무보다도 그런 부분에 있어서 더 힘든 측면이 있지 않을까 합니다. 특히 애니메이션 분야는 외국과의 공동 작업이 많이 필요한 편이니까요.

앞으로 애니메이션 업계에 나아가고 싶은 분들에게도 어쩌면 마음의 준비가 필요할 수도 있을 것 같은데, 업계에 먼저 계신 분으로써 조언이 있다면?

박: 예, 아까 말씀드린 내용의 연장으로, 저는 팀에서 외국인이라는 생각을 아예 안 하려고 했습니다. 애니메이션을 만드는 그 팀의 일원으로서 참여하고자 노력하고자 했습니다. 그러기 위해서는 언어도 중요하겠죠.

그리고 그 팀이 무엇을 만드는가에 따라 달라질 수 있겠습니다만, 저희는 2D 애니메이션을 만드는 사람들이어서요. 〈마크로스〉 시리즈에선 음악으로 모든 사람들이 화합하고 서로의 문화를 이해하고자 했듯이, 애니메이션을 만드는 사람으로서 애니메이션이란 장르에 대해 서로 공유하고 이야기하고 각 나라별로 문화 교류도 하는 것이죠.

실제로 저희 회사에도 중국인, 한국인, 프랑스인 등이 있습니다. 그 모든 사람들이 애니메이션을 만들고 싶다는 열정을 가지고 일

본에 와서, 애니메이션을 어떻게 만들지 같이 이야기를 합니다. 그렇게 화합하면서 만들어야 좋은 작품이 나오는 것 같아요. 반드시 애니메이션 분야만이 아니더라도, 그런 의식을 갖고 일을 하면 좋지 않을까 합니다.

애니메이션 업계 취업에 대한 조언

선: 감독님은 중학생 때부터 애니메이션 감독을 꿈꾸셨고 그 이후 실제로 애니메이션 감독이 되셨습니다. 말씀대로 애니메이션 분야는 외국에서 일을 할 될 수도 있고 정말 다양한 분야의 업무가 존재하는 직업입니다. 애니메이션이라고 해서 모든 사람이 그림을 그리는 것이 아니라, 시나리오나 음악 담당 등 여러 가지가 있는 것이고요. 한국에는 지금 애니메이션과도 존재하고 애니메이션 분야를 지망하는 학생도 많습니다만, 앞으로 애니메이션 일을 하고 싶어하는 사람들, 예를 들어 지금 중학생에게 조언을 해주신다면 어떤 것이 있을까요.

박: 그런 질문을 많이 받습니다. "애니메이션을 하려면 그림 공부를 언제부터 시작해야 하나요?"라든지 "얼마나 잘 그려야 하나요?" 같은 질문을 받곤 하는데요. 그럴 때에 제가 항상 이야기를 하는 것은… 그런 부분까지는 일단 생각하지 마시고, 애니메이션

〈마크로스〉 시리즈
는 '노래', '사랑', '전투'
의 다양한 장르의 테마
를 포괄하는 작품들을
선보이고 있다.

도 하나의 영상 작업이므로 여러 가지 아이디어와 경험이 가장 중요합니다. 테크닉은 노력하면 나중에도 가능합니다만, 본인이 느끼는 감성 같은 것은 갑자기 하려고 해서 되는 것이 아니니까요. 애니메이션을 목표로 한다고 하여 애니메이션만 봐서도 안 되고요. 스포츠도 보고 뮤지컬도 보고 음악 공연, 연극 등 다양한 매체를 접하면 그런 것을 통해 새로운 아이디어가 나오는 것이죠. 애니메이션이 아니라 실사에서도 마찬가지로, 연출적인 아이디어가 나올 수 있는 것입니다. 그런 식으로 많은 경험을 먼저 하라고 저는 항상 조언을 합니다.

그런 뒤에 정말로 애니메이터가 될 경우엔, 기초부터 해서 테크닉을 열심히 갈고 닦으면 되는 것이죠. 그림은 그리면 그릴수록 늘기 때문에요. 테크닉은 조금 나중에 하더라도 우선 다양한 장르를 접하고 경험을 하고 즐기는 것이 좋다고 생각합니다.

선: 지금까지 말씀을 들어보면 음악 이야기, 또 다양한 경험이 더 중요하다는 말씀 등 과연 옛날부터 〈마크로스〉 시리즈를 좋아하셨던 것과 방향성이 맞물리는 부분이 있는 것 같습니다. 〈마크로스〉 시리즈 역시 다양한 장르를 포괄하는 형태의 작품이었으니까요. 실제로 그 영향이 있었던 것 아닐까 싶을 정도입니다.

박: 네, 맞습니다. 제 모든 시작은 〈마크로스〉 시리즈였기 때문에요. 애니메이션이긴 하지만 〈마크로스〉 시리즈에는 하나의 장르만이 아니라 다양한 장르가 섞여 있는 작품이어서, 여러 가지

충격, 다양한 경험 등 많은 자극을 받을 수 있었습니다. 그래서 저도 거기에 맞춰 여러 가지 경험을 해보자는 생각을 할 수 있었던 것 같아요.

선: 아까 발키리를 그리고 싶어서 그렸다는 말씀을 하셨는데, 앞으로 메카닉 작품을 해보고 싶다는 생각은 있으신가요?

박: 기회가 된다면 메카닉 작품을 해보고 싶습니다. 그런데 저보다 잘하는 분들이 너무 많으셔서…. 기회가 된다면 한 번 해보고 싶다는 생각은 갖고 있습니다.

선: 아까는 카와모리 쇼지 감독님이나 와타나베 신이치로 감독님 작품을 보면서 애니메이션을 좋아하게 되었다는 말씀을 하셨는데요. 실제 업계에 들어가서 일하다가 직접 보게 된 분들 중에 대단하다고 생각하게 되었던 분은 있나요?

박: 매우 많습니다. 업계에서 일하면서 제 옆에 유명하신 분들도 계셨고요. 지금은 작업이 많이 디지털화되었지만, 그 당시엔 전부 종이로 그리던 시대였는데요. 종이로 그리다가 실패한 그림은 쓰레기통에 버리게 되는데, 아침 일찍 와서 쓰레기통에 버려진 종이를 주워서 보기도 하고…(웃음). 그런 기억도 있습니다.

제게 가장 자극이 되었던 분이라고 하면, 「아프로 사무라이(アフロサムライ, 2007년)」라는 작품을 만든 키자키 후미노리(木崎文智) 감독님도 제가 팬인데요. 「베요네타(BAYONETTA Bloody Fate, 2013년)」라는 작품을 할 때 같이 해보지 않겠냐는 연락을 받았거든요.

그때 제가 그 분 옆에 앉아서 반 년 정도 작업을 했습니다. 그때 매일매일 옆에서 수정한 종이를 보면서 "아, 이 분은 이런 식으로 표현하는구나"하고 혼자 메모를 하기도 했죠. 그리고 작업하시는 연출 방식이라든지, 또 그 분이 좀 특이하게 카메라 렌즈를 사용하시는데 그런 앵글이나 구도 같은 것도 참고했습니다.

그때는 곤조(GONZO)라는 회사에 있다가 나와서 마파(MAPPA)라는 회사에 들어갔는데, 마침 또 운이 좋았던 것일지도 모르겠지만 이번엔 와타나베 신이치로 감독님 옆자리에서 작업을 하게 되었습니다. 그 분에게도 여러 가지 연출에 대해 물어보곤 했습니다. 그 두 분 옆에서 일하면서 그분들의 노하우를 많이 배웠고, 지금 콘티를 그리는 데에도 그분들의 영향이 많이 들어가 있는 것 같습니다.

선: 키자키 후미노리 감독님이라면, 「주술회전」에도 참가를 하셨던데요.

박: 예, 맞습니다. 제가 꼭 좀 참가해달라고 부탁드려서 TV시리즈와 극장판에 참가해주셨죠. 콘티에 참가해주셨는데 너무나도 영광이었습니다.

선: 그러고 보면 아까 음악에서는 린킨파크를 언급하셨는데요. 또 애니메이션 말고 다양한 장르를 보는 것이 애니메이터가 되는 데에 도움이 될 것이라고 하셨습니다만, 영화든 책이든 다른 장르에서 좋아하는 작품이나 작가를 말씀해주신다면?

박: 매우 많습니다. 다른 인터뷰에서도 언급했는데, 크리스토퍼 놀란 감독님 작품이 아주 독특하고 재미있다는 말을 했습니다. 실사영화 중에 봉준호 감독님 작품도 정말 팬입니다.

선: 실사영화에서도 컷의 연출이나 움직임을 볼 때 도움이 되는 작품이 많겠죠? 혹은 연극이나 다른 장르에서도 참고가 되었던 장르가 있다면?

박: 네. 코로나19가 유행하기 전에 볼빨간사춘기 콘서트를 보러 갔었는데, 그때 무대의 조명 연출이 멋있었습니다. 음악이 나오면서 녹색에서 빨강으로 조명이 변하는 순간이 너무 예뻤거든요. 제가 그걸 보고 나서, 「주술회전」에서도 있습니다만 색깔을 두 가지 톤으로 나누어 합성해서 색감이 자연스럽게 넘어가는 식의 연출을 하기도 했습니다.

또 색다른 방향일지도 모르겠습니다만, 이번 월드컵에서 아르헨티나가 우승할 때에 축구선수 메시의 서사, 만들어지기 힘든 서사에 대해서도 구석구석 파악을 해서 다음 작품에 참고하기도 합니다. 작품의 기획을 할 때에 비주얼과 장르에서 모티브가 되는 요소를 찾는 식의 작법을 사용하기도 하는데, 그럴 때에도 여러 가지 장르를 경험해보는 것이 중요합니다. 비디오게임도 좋아하는데, 「주술회전」 극장판에서 옷코츠 유타라는 캐릭터가 요괴와 공중전을 펼치는 내용이 있습니다. 그때 3인칭 시점에서 1인칭 시점으로 변화하는 장면이 있는데, 그것도 게임에서 볼 수 있는 연출입니다. 특히 자동차 레이싱 게임에서 3인칭으로 플레이하다가 버튼 하나를 누르면 1인칭 시점으로 바뀌는데, 그걸 보고 "이런 식으로 표현하면 재미있겠다" 생각을 하게 되는 것이죠.

선: 아까도 말씀하셨지만, 조명이라든지 스포츠라든지 게임 등 정말 다양한 분야를 보고 계시는군요. 그냥 보기만 하는 것이 아니라 다른 시선으로 바라보시는 것 같습니다. 확실히 그런 시선을 가져야 애니메이션 연출에도 도움이 되는 것이겠죠.

현재 근황과 목표

선: 지금은 독립하여 새 회사에서 신작 작업을 하고 계시는 것으로 알고 있는데요. 지금 제작 중인 것은 「Project BULLET/BULLET」(가제)인가요?

박: 현재 제작하는 것은 며칠 전에 발표된 「닌자 카무이(Ninja Kamui)」라는 작품을 만들고 있고, 오다 에이치로(尾田栄一郎) 원작 단편 「몬스터즈(MONSTERS)」를 제작 중입니다. 그렇게 두 작품을 하고 있고, 「불릿/불릿」은 그 두 작품이 곧 제작 종료되면 다음으로 작업에 들어갈 것인데요. 지금은 「불릿/불릿」 시나리오 작업을 한창 진행 중입니다.

선: 앞으로는 지금 독립해서 하고 계시는 E&H production을 중심으로 작업하시게 되는 건가요?

박: 예, 그렇습니다. 오리지널 애니메이션도 있고 원작물도 있고…. 저 뿐만이 아니라 또 좋은 감독님도 계시기 때문에, 그분들의 작품도 준비하면서 제작하고 있습니다.

©E&H/GAGA

박성후 감독의 스토리원안으로, 디즈니 플러스 오리지널로 방송될 예정이라고 한다.

©SOLA ENTERTAINMENT/Sunghoo Park
감독은 박성후, 캐릭터 디자인 원안은 「아프로 사무라이」의 원작자 오카자키 타카시(岡崎能士)가 맡는다.

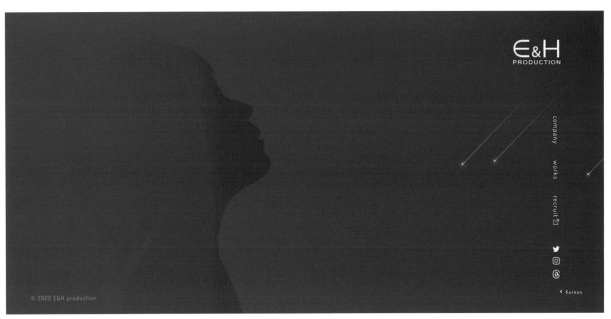

© 2022 E&H production

선: 그러면 앞으로는 어떤 작품을 만들고 싶다거나, 앞으로의 목표는 어떠실까요.

박: 앞으로도 여러 작품을 하고 싶고, 특히 다양한 장르를 하고 싶습니다. 액션물에 대해 주로 이야기가 나오곤 하는데, 액션 애니메이션만이 아니라 여러 가지 다양한 장르, 코미디도 좋고…. 지금까지 하지 않았던 연출 방식을 표현할 수 있는 장르에 도전하고 싶어요. 하나의 장르만이 아니라 여러 장르에 도전해보고 싶다는 목표가 있습니다.

선: 지금까지는 손으로 그리는 2D 애니메이션으로 일본에서 일을 많이 해오셨는데, 지금은 애니메이션 장르도 다양하게 변화된 것 같습니다. OTT라는 새로운 매체도 생겼고, 과거와는 달리 애니메이션이 세계화되면서 일본이라는 어떤 한 나라만이 아니라 어디에서 애니메이션을 만들더라도 세계 시장에 동시에 영향을 미치게 되었습니다. 꼭 세계 시장을 염두에 두고 만들지 않더라도 애니메이션이 여러 나라에서 보여지게 되는 상황 속에, 앞으로는 어떤 생각을 갖고 애니메이션을 만들면 좋을까요?

박: 요즘 한국에서는 '케이팝'처럼 'K'를 붙여서 문화에 대해 이야기를 많이 하는데요. 일본에는 '재패니메이션'이란 단어가 있습니다. 저는 재패니메이션이 아니라 그냥 애니메이션을 만들고 싶다고 항상 이야기해왔어요. 무슨 말인가 하면, 일본에서 만든다고 일본에서만 보아야 하는 것이 아니죠. 물론 제작 스튜디오가 일본에 있습니다만, 작품에 참여하는 스태프를 보면 그냥 애니메이션이 좋아서 일본에 오신 분들이 많습니다. 정말 다양한 국적이거든요. 그 사람들이 그냥, 다 같이 좋아하는 '애니메이션'을 만들자는 것입니다.

세계화라는 것은 사실 당연하다고 생각해요. 일본에서는 항상 일본 국내를 우선 생각하고 그 다음에 세계로 나가는 비즈니스를 하자는 말을 합니다. 그러나 그런 식으로 생각하지 말고 처음 만들 때부터, 굳이 꼭 '세계'로 나가자는 것이 아니더라도 그냥 '모든 사람'이 즐길 수 있는 작품을 만들고 싶은 것입니다. 어차피 지금은 OTT로 전세계 사람들이 바로 다음 날이면 작품을 볼 수 있는 환경이 되었으니까요. 모든 사람들이 즐길 수 있는 좋은 애니메이션

작품을 만들고 싶습니다.

선: 현재 애니메이션 업계에서 일하는 입장에서 정말 좋은 말씀을 많이 해주신 것 같습니다. 감독님이 한국인으로서 한국에서만 일했거나, 혹은 일본인으로서 일본에서만 일했다면 느끼기 어려웠을 수도 있는 귀중한 경험을 말씀해주셨다고 생각합니다. 이 책이 물론 〈마크로스〉 시리즈팬들을 위해 만드는 것이기도 합니다만, 한국 애니메이션 업계 전체에 대해서도 도움이 되는 내용이 될 것 같습니다. 감독님이 어린 시절 〈마크로스〉 시리즈를 보고 영향을 받으셨듯이, 이제부터는 감독님의 작품을 보고 영향을 받아 애니메이션을 만들고자 생각하는 사람들도 있을 테니까요. 그런 사람들에게는 굉장히 도움이 될 이야기를 해주셔서 감사합니다.

박: 그렇게 보아주셔서 감사합니다.

선: 〈마크로스〉 시리즈 캐릭터 중에서 가장 좋아하는 캐릭터는?

박: 저는 린 민메이입니다.

선: 이건 그냥 궁금해서 질문드리는 것인데요. 혹시 〈마크로스〉 시리즈를 다시 리메이크한다거나 해서, 민메이를 다시 그릴 수 있는 기회가 생긴다면 어떨까요?

박: 저야 정말 영광이죠. 영광이긴 한데, 과연 제가 그 작품을 넘을 수 있을만한 작품을 만들 수 있을까 하는 생각은 듭니다. 워낙 원작이 좋았으니까요. 다만 또 다른 시리즈로 〈마크로스〉 시리즈가 나올 경우에 맡을 수 있게 된다면, 그건 정말 저로선 영광일 것 같습니다. 저만의 〈마크로스〉 시리즈를 만들고 싶다는 생각은 듭니다. 예를 들어, 과거에 큰 규모의 우주 전쟁이 아니라 한 소대의 이야기를 그린 「기동전사 건담 제08 MS소대」 같은 일종의 '번외편' 같은 이야기를 좋아합니다. 물론 「플러스」도 그런 요소가 들어있는 작품이긴 합니다만…. 젠트라디군이나 큰 규모의 우주 전쟁 이야기 말고 좀 더 번외의 이야기를 다른 시선으로 접근하면 좋지 않겠나 하는 생각이 듭니다.

선: 오늘 오랫동안 진행된 인터뷰에 수고 많으셨습니다. 정말 좋은 이야기를 많이 말씀해주셔서 대단히 감사합니다.

박: 저야말로 이런 좋은 자리에 참여해 말씀 나눌 수 있어서 감사합니다.

⟨마크로스⟩
시리즈와의 만남

interviewer 선정우

⟨마크로스⟩ 시리즈를 우리나라에 처음으로 정식 소개하는 도서 발간을 기념해 우리나라에서 마크로스와 인연이 깊은 분들을 모시고 인터뷰를 진행했습니다.

두 번째로 모실 분은 모바일 게임 「블루 아카이브(ブルーアーカイブ)」로 유명하신 게임 개발자 김용하 피디님입니다.

오랜 덕력으로 전해지는 많은 이야기와 성공한 덕후로도 유명하신데, ⟨마크로스⟩ 시리즈와는 떼려야 뗄 수 없는 인연이 있으시다고. 이번 인터뷰에서는 김용하 피디님을 모시고 ⟨마크로스⟩ 시리즈와의 인연, 작품 이야기와 게임에 관한 이야기를 나누어 보았습니다.

김용하
(金用河, YONGHA KIM)

프로파일
현 블루 아카이브 총괄 프로듀서

2000년 「킹덤 언더 파이어」 개발(판타그램)
2002년 「샤이닝 로어」 개발 및 기획
2010년 「마비노기 영웅전」 개발(넥슨)
2014년 「큐라레: 마법 도서관(QURARE: MAGIC LIBRARY) 개발(스마일게이트)
2019년 「포커스 온 유(FOCUS on YOU)」 개발(스마일게이트)
2021년 「블루 아카이브」 개발(넥슨게임즈)

〈마크로스〉 시리즈와의 만남

선정우: 〈마크로스〉 시리즈는 1980년대 한국에서 애니메이션 팬들에게 상당히 충격을 준 작품 중 하나라고 볼 수 있습니다. 로봇 애니메이션으로서 이전까지의 작품과는 차별된 '세련됨', 그리고 메카닉과 캐릭터의 조화, 음악이란 소재에 대한 새로운 접근 및 '아이돌 문화'를 애니메이션에 접목시킨다는 아이디어의 신선함 등… 피디님도 2014년의 NDC[넥슨 개발자 컨퍼런스] 강연에서 어린 시절 〈마크로스〉 시리즈를 보면서 꿈을 키우다가 나중에 지금과 같은 직업을 갖게 되셨다고 말씀하신 적이 있는데, 그 당시에 〈마크로스〉 시리즈에 대해 어떤 감상을 가지셨나요?

김용하: 당시 로봇물 중에서도 〈마크로스〉 시리즈는 왠지 더 실제로 존재할 법한 설정의 애니메이션이었다고 생각했습니다. 전투기에서 로봇으로 변신하는 발키리라는 메카닉도 그렇고, 군대와 마을이 공존하는 우주 전함 속의 생활감, 그리고 캐릭터들의 러브 라인 등에서 그런 느낌을 받았죠. 그래서 실제로 1999년이 되었을 때 정말로 우주에서 전함 마크로스가 떨어지면 어떨까 하는 기대도 했습니다만, 아쉽게도 떨어지지 않더군요(웃음).

하지만 전함 마크로스가 나타난 세계선도 멀티버스에는 있지 않을까 상상해봅니다. 그런 세계선에서라면, 아마 아이유 씨 정도가 린 민메이가 될 수 있겠죠. 아이유 씨가 1993년 생으로 16살에 데뷔했으니까요. 또 2017년에 판문점에서 북한 병사가 귀순한 사건이 있었는데, 그 병사가 아이유 노래를 듣고 귀순을 결심했다고 하더군요. 일종의 '민메이 어택'이 아닌가 생각했습니다. 아쉬워요. 실제 〈마크로스〉 시리즈와 같은 세상이었다면 아이유 씨도 우주 아이돌이 될 수 있었을 텐데…(웃음).

이야기가 옆으로 샌 것 같은데, 아무튼 사춘기 시절 인상 깊게 본 작품이 가슴에 남아 평생 동안 간다고 하는데 그 작품이 저에겐 「초시공요새 마크로스」였습니다.

선: 「TV판 마크로스」는 아이돌 가수 개념을 접목시킨 작품인데, 방영된 1980년대는 일본에서 실제로 아이돌 전성기였던 시기였잖습니까. 특히 당시 아이돌은 나중에 일본이나 한국에서 유행한 집단 아이돌 체제가 아니었잖아요.

김용하: 그렇죠. 요즘은 걸그룹 중심이지만 그때엔 솔로 가수가 많았죠. 가수도 하고 배우도 하면서.

선: 예, 그런 모습이 민메이에 반영된 것이죠. 지금 아이유 씨를 말씀하신 이유도, 아이유 씨가 요즘엔 드문 솔로 활동을 하는 가수이기 때문인 것 같은데요.

김: 그렇죠.

선: 그러다가 〈마크로스〉 시리즈도 다른 작품에서는 그룹으로 활동하는 가수가 등장합니다.

김: 「마크로스Δ」도 그렇고, 밴드가 등장하는 작품도 있었죠.

선: 「마크로스7」 말씀이시군요. 〈마크로스〉 시리즈에는 그런 식으로 다양한 캐릭터가 등장해왔는데요. 게임을 만드는 데에 있어 일종의 캐릭터론(論)으로써, 〈마크로스〉 시리즈가 참고가 되었나요?

김: 캐릭터의 어떤 요소를 분해해서 가지고 온다는 것은 쉽지 않다고 봅니다. 그보다는 제가 감성을 형성하던 시절, 사춘기 시절에 〈마크로스〉 시리즈를 보았기 때문이에요. 그때 민메이란 캐릭터를 좋아했던 감정에 대한 좋은 기억이 남아 있거든요. 얼마나 좋아했고, 또 좋아한 후에는 내가 어떻게 행동했나 하는 기억들이요. 관련 상품을 구매하고 성우의 드라마 CD, 그리고 성우가 별도로 가수 활동하던 시기의 음반을 모은다거나….

마찬가지로 제가 제작하는 게임이나 관련 상품에서도, 캐릭터에 애정을 지닌 사람들이 어떻게 생각할지, 또 그것을 어떻게 좋은 방향으로 이끌어갈지에 관한 부분을 더 많이 참고한 것 같습니다.

선: 초기에 〈마크로스〉 시리즈를 접하면서 추억이나 애착을 느끼신 것 같은데요. 지금 게임 업계에서 직업으로서 게임을 개발하고 계시는데, 게임도 물론 나이든 후에도 하는 분들은 많지만 어린 나이에 게임을 하는 경우가 많을 텐데요. 피디님도 그런 식으로 캐릭터나 애니메이션을 좋아하는 감정을 어린 시절에 느꼈다면, 지금 게임을 만드는 자세에도 영향받은 부분이 있을 것 같은데 어떠신가요? 자기가 좋아하던 것을 직업으로 삼은 것이니까요.

김: 아무래도 그렇죠. 지금 같이 일하는 동료들도 그런 것을 공감할 수 있는 사람들입니다. 캐릭터 메이킹에서는 어찌 보면 저보다도 더 재능을 갖고 있는 분들이 많고, 그런 재능을 살려 같이 캐릭터를 같이 만들어 가는게 즐겁거든요. 〈마크로스〉 시리즈는 그런 계기가 된 작품이기도 해서, 이런 작품, 이렇게 사랑받는 캐릭터를 만들고 싶다는 생각이 원동력이 되어서 지금처럼 팀을 꾸리고, 그런 이야기를 같이 할 수 있는 팀원들을 모은 것이기도 합니다.

어떻게 보면 게임개발은, 물론 회사로서의 딱딱한 부분도 있지만 일종의 '동인 활동'으로 열의를 갖고 하는 부분도 있거든요. 그런 것들이 시너지 효과를 낼 때에 더 좋은 작품이나 캐릭터가 나오기 때문에요. 그런 느낌을 유지하면서 일을 할 수 있도록 신경을 쓰고 있습니다.

선: 젊은 시절의 동호회나 서클 활동처럼, 프로젝트를 할 때에 누구랑 같이 할지, 또 이번에는 이런 일을 해보고 싶다는 식의 이야기가 나온다는 말씀이군요.

김: 그렇죠. 「TV판 마크로스」는 상당히 오래 전 작품이기도 하니까요. 그때엔 애니메이션 스튜디오도 그렇게까지 상업적이진 않았고, 동인활동 하던 친구들끼리 만나 발전하는 경우도 있었거든요. 시너지를 내어 좋은 결과를 낸 사례라고 할 수 있겠죠. 그 시절의 분위기를 어떻게 현대에 잘 가져와서 시스템화하여 개발 과정에 활용할 수 있을지도 생각해보아야 하겠습니다.

선: 「TV판 마크로스」도 카와모리 쇼지 씨가 아주 젊었을 때 참가를 했으니까요. 그때 이시구로 노보루 감독님은 상당히 '베테랑'이셨는데, 젊은 애니메이터들을 많이 기용해서 함께 작품을 만들었거든요. 말하자면 베테랑과 젊은이들의 열정이 맞물려서 이런 작품이 나올 수 있었다는 평가가 많거든요.

한국에서 게임이란 분야는, 1980년대에도 나오긴 했고 1990년대에도 여러 작품이 발매되었습니다만… 본격적으로 게임이 산업화된 것은 온라인게임 등장 이후일 것입니다. 지금은 벌써 20년 이상 지나서, 이제는 한국 게임 업계에도 '베테랑'이 존재할 것인데요.

김: 그렇죠. 저도 게임 업계에 들어온지 벌써 20년이 넘었으니까요. 저도 베테랑이라고 할 수 있겠죠.

선: 1999년에 들어가셨다고 들었습니다.

김: 맞습니다. 1999년에 들어왔으니 벌써 23년? 24년? 그 정도 된 것 같네요. 그런데 말씀을 듣고 보니 어느 정도 통하는 부분이 있는 것 같습니다.

아마 〈마크로스〉 시리즈가 그 당시 기준으로 굉장히 혁신적이었고, 그게 잘 동작해서 좋은 결과를 냈기 때문에 히트했다고도 할 수 있을 것 같은데요. 그런 결과를 만들어낼 수 있는 원동력이 말하자면 '신구(新舊)의 조합'이랄까.

베테랑이 사내의 정치적인 부분을 잘 끌고 나가는 테두리 안에서 열의를 가진 신진기예들이 재능을 발휘하게 좋은 결과를 가져온다고 한다면…. 결국 저도 베테랑 역할로 「블루 아카이브」를 만들면서, 실제로 고객들이 프로젝트나 캐릭터에 더 애착을 가질 수 있도록 게임을 만들어내는 것은 젊은 동료들의 역할이 크거든요. 아트 디렉터님을 포함한 아트 스탭 상당수가 20대, 30대 초반입니다. 그런 의미에서라면 비슷한 점이 있다고 할 수 있겠네요.

〈마크로스〉 시리즈의 매력

선: 〈마크로스〉 시리즈가 여타 애니메이션 작품들에 비해 더 매력적인 부분이 있다면 무엇일까요. 〈마크로스〉 시리즈를 좋아하게 된 특징이나 장점에 대해 말씀 부탁드립니다.

김: 많은 분들이 말씀하셨지만 소위 〈마크로스〉 시리즈의 세 가지 요소가 있잖습니까. 전투기, 노래, 삼각관계. 이것들을 하나의 작품에 넣은 것은 지금 돌이켜보아도 신선한 설정이었다고 생각합니다. 자칫 산만해질 수도 있는데 그 설정의 밸런스를 절묘하게 잘 맞추었다고 봅니다. 특히나 노래를 통해 전쟁을 종결시킨다는 것은 정말 대담한 설정이었고, 그것을 연출로 납득이 가게끔 보여준다는 점이 굉장합니다.

원작이 방영될 때에 막 중학생이 될 무렵이었는데요. 먼저 소설판을 보고 그 뒤에 애니메이션을 접했는데, 당시에는 충격을 받았습니다. 바로 사랑에 빠져 버렸습니다.

선: 〈마크로스〉 시리즈에는 매력적인 캐릭터들이 여럿 등장하지만 그 중에서도 '민메이'를 특히 좋아한다고 하셨는데요. 게임 업계에서 일하면서 매력적인 캐릭터를 만들고자 할 때엔 어떤 부분에 중점을 두시는지요?

김: 사랑에 빠져버렸다고 말씀드렸는데, 정말로 사춘기 소년의 사랑이었죠. 용돈을 모아 관련 상품을 전부 사모았습니다. 당시 한국에서는 구하기가 거의 불가능했지만, 원래 통신 판매를 하지도 않는 일본의 상점에 편지를 써서 한국까지 배송해달라고 요청을 드리는 등 노력해서 구했습니다. 〈마크로스〉 시리즈 상품을 모아둔 장을 마치 신주단지 모시듯이 모셨죠(웃음). 그쪽으로는 등도 돌리지 않았고, 잠잘 때에도 그쪽을 향해 누웠으니까요. 그런 에너지가 지금 게임을 만드는 원동력이 된 점은 틀림없습니다.

그리고 지금까지 개발한 「큐라레: 마법 도서관」, 「포커스 온 유」, 「블루 아카이브」 등이 다 캐릭터 중심 게임인데요. 어떻게 해야 매력적인 캐릭터를 만들 수 있는가는 여전히 어려운 숙제 같습니다. 사람에 따라 시대에 따라 바뀔 수 있기 때문에 어떤 하나의 요소를 특정해서 말하기는 어렵습니다. 다만 완벽한 모습보다는 완벽하지 않은 부분, 빛나는 부분보다 어두운 부분을 다루는 과정에서 좀 더 캐릭터의 인간미나 공감할 수 있는 측면이 나오지 않을까 생각합니다.

〈마크로스〉 시리즈의 작품

선: 〈마크로스〉 시리즈는 첫 작품 이후 오랜 기간 사랑받으며 세계적인 인기 작품이 됐습니다. 시리즈를 보면서 각 작품에 대해 느꼈던 특별한 감정이나 추억이 있으실까요.

김: 가장 제 마음에 새겨진 작품은 아무래도 「TV판 마크로스」와 극장판, 그리고 특히나 「초시공요새 마크로스 Flash Back 2012」입니다. 저는 이 작품이 오히려 더 기억에 남네요. 저로선 「초시공요새 마크로스 Flash Back 2012」이야말로 민메이의 서사를 완성시킨 작품이 아닌가 생각합니다. 그래서 LD(레이저디스크)를 두 장이나 구입했습니다.

또 「마크로스 플러스」와 「마크로스F」도 좋아합니다. 「마크로스 플러스」는 말하자면 '어른들을 위한 〈마크로스〉 시리즈'랄까요. 전체적으로 무거운 분위기이긴 하지만, 공중전 표현은 시리즈 중에서도 최고라고 봅니다. 최근에 영화 「탑건: 매버릭」을 보면서도 「마크로스 플러스」의 도그파이트(*전투기의 근접 전투전) 장면이 떠올랐습니다. 요즘에는 공중전을 너무 CG로만 표현하면서 시각적인 화려함은 있지만 중력가속도의 표현이나 공기 저항 같은 디테일한 사실감은 오히려 떨어진 것 아닌가 싶은 생각도 듭니다.

저는 '마크로스의 세 가지 요소'를 꼭 지켜야한다고 생각하는 것은 아니고, 어떻게 배합하고 해석할지에 따라 다양한 작품이 나올 수 있다고 보기에 앞으로 나올 작품들에 대해서도 기대하고 있습니

「블루 아카이브(Blue Archive)」   「큐라레: 마법 도서관(QURARE: MAGIC LIBRARY)」 「포커스 온 유(FOCUS on YOU)」

김용하 피디가 소장중인 「초시공요새 마크로스 Flash Back 2012」 LD 이미지

다. 개인적으로는 러브스토리랄까, 드라마적인 재미에 중심을 둔 작품도 보고 싶네요.

선: 초반에는 「TV판 마크로스」와 「극장판 마크로스」, 그리고 「초시공요새 마크로스 Flash Back 2012」까지 그런 작품들이 당대에 보여주었던 혁신성 같은 것에 매력을 느끼셨다고 하셨는데요. 그 후에도 시리즈가 계속 이어지면서, 「초시공요새 마크로스 II -LOVERS AGAIN-」이나 「마크로스 플러스」, 「마크로스7」, 그 후에 「마크로스 제로」, 「마크로스F」, 「마크로스Δ」까지 이어졌습니다. 이때쯤이면 나이가 좀 더 든 상태에서 보신 것일 텐데, 어떻게 보셨는지요?

김: 아무래도 사춘기 시절에 봤던 감동을 다시 느끼긴 좀 힘든 것 같습니다. 하지만 제가 워낙 이 시리즈 자체를 좋아해서요. 작품마다 매력이 있습니다. 「마크로스 플러스」가 기대와는 좀 다른 방향이긴 했는데, 메카닉 액션을 너무 잘 만들어서요. 요즘 웬만한 작품보다도 더 잘 만든 것 같습니다.

선: 당시에 「마크로스 플러스」는 국내에서 좋아하는 팬들이 많았잖습니까.

김: 그렇죠. 민메이가 없긴 한데…(웃음). 저도 이런 식으로 〈마크로스〉 시리즈를 풀어낼 수도 있구나 하는 생각을 했죠. 이런 식으로 새로운 시도를 하다보면 또 재미있는 작품이 나올 수 있겠다 싶은 기대를 하게 만들었습니다.

그 뒤에 「마크로스7」도 봤습니다만, 주인공이 락 밴드를 하는 설정인데 제 취향은 좀 아니었어요(웃음).

선: 그래도 「마크로스F」에는 민메이의 영향을 받은 캐릭터들이 나오니까 좀 더 좋아하셨을 것 같은데요(웃음).

김: 「마크로스F」는 「TV판 마크로스」를 현대적 감성으로 재해석한 부분이 많아서 더 재미있게 봤습니다. 「TV판 마크로스」를 리메이크하되 좀 다른 방식으로 리메이크한 것 같은 느낌이었죠. 예전에 인터뷰에서 봤는데 카와모리 감독님은 원래부터 똑같은 패턴을 반복하는 것을 안 좋아하신다고 했던 것 같은데요. 그래서 그런지 〈마크로스〉 시리즈인데 〈마크로스〉 시리즈가 아닌 것 같은…. 신선한 시도를 많이 하신 것 같았습니다.

또 민메이를 마치 둘로 나눈 것 같은 두 캐릭터, 셰릴 놈과 란카 리가 나오는데 저는 굳이 말하자면 란카가 더 좋았네요. 특히 생계형 아이돌 시절에 찍은 광고 장면 같은 것들이 마음에 들었습니다.

그리고 일종의 후일담으로 「극장단편 마크로스F ~시간의 미궁~」이 있는데 이 작품도 좋아합니다.

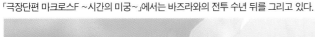

「극장단편 마크로스F ~시간의 미궁~」에서는 바즈라와의 전투 수년 뒤를 그리고 있다.

란카가 출연하는 초시공반점 냥냥의 CM으로, '고저스 딜리셔스 데카르차!'라는
프레이즈가 인상적이다. (「마크로스F」 중)

〈마크로스〉 시리즈의 캐릭터와 음악

선: 「TV판 마크로스」에서 특징적이었던 점은, 민메이 캐릭터가 처음엔 그냥 중국집 아르바이트였다가 아이돌로 데뷔하는 과정, 그리고 인기를 얻었다가 나중에는 인기가 떨어진 후까지를 전부 다 작중에서 그렸다는 것이라고 생각하는데요. 말하자면 시작부터 성장하는 과정, 그리고 성장하면서 끝나는 것이 아니라 나이가 든 이후까지 그려냈다는 것입니다. 그게 「마크로스 F」에서는, 아이돌 데뷔 후에도 여전히 신인으로서 일하는 모습을 그리는 등 서로 대비되는 묘사로 흐름이 이어졌다고 할 수 있지 않을까요?

김: 단편적으로 화려한 모습만 보여주는 것이 아니라, 다층적인 면을 보여줘야 캐릭터의 매력이 살아난다고 생각하거든요. 캐릭터가 아무리 가상의 존재라도 인간미가 있어야 공감을 할 수 있고 애착을 느끼게 되는 거라서….
TV판과 극장판의 민메이가 조금 다르잖아요. 또 삼각관계에서 미사와 히카루의 관계 때문에 민메이가 더욱 공감을 받는 측면도 있는 것인데, 오히려 그처럼 미완으로 끝나는 것이 더 오래 마음 속에 남는 것 같아요. 바로 그래서 그 부분이 잘 표현된 「초시공요새 마크로스 Flash Back 2012」를 가장 좋아합니다.

선: 저는 캐릭터 게임을 많이 해보진 않았습니다만, 캐릭터들이 고정적인 것이 아니라 이벤트에 따라 다른 일러스트가 나오기도 하고 계속해서 신규 일러스트도 나오는 것 같은데요. 그렇다면 그런 경우엔 캐릭터들도 '변화'하는 것 아닌가요? 변화하면서 성장하거나 하는 측면도 있는 것인가요? 애니메이션이나 만화 같은 단선적인 스토리 작품과는 좀 다를 수도 있겠습니다만….

김: 성장을 하면서 캐릭터가 완전히 바뀐다는 것은 좀 다른 이야기겠고요. 같은 캐릭터인데 여러 가지 측면을 보여주는 것이겠죠. 새로운 이벤트에 등장하는 캐릭터가 이전에 보여줬던 것과는 조금 다른 모습을 보여준다거나, 이전에는 즐거운 모습만 나왔다면 다음엔 고통받는 모습이란 식으로…. 그런 낙차가 있어야 캐릭터를 더 잘 살릴 수 있는 것 같습니다.

선: 〈마크로스〉 시리즈와 같은 애니메이션 작품도 1년 가까이 방영을 하게 될 경우, 시청자들의 반응에 어느 정도 영향을 받게 되는 경우가 있다고 하는데요. 요즘은 애니메이션의 방영 기간이 반 년 이상 가지 않는 작품이 많지만요.
그런데 온라인, 혹은 모바일 게임에는 아예 '끝'(엔딩)이란 것이 없지 않습니까. 그렇게 되면 당연히 유저들과 소통하면시 그와 동시에 콘텐츠를 계속해서 만들어야 하는데요. '끝이 없는 콘텐츠'라는 것이 상당히 만들기 힘든 것일 텐데요. 다른 장르에서는 이런 경우가 많지는 않을 것 같습니다. 몇십 년씩 이어지는 드라마도 있으니 굳이 찾아보면 아예 없는 것은 아닙니다만….

김: 예를 들어 「왕좌의 게임」 같은 드라마도 계속 나오잖습니까? 아마도 작가는 전체적인 구성을 생각하면서 다음 단계를 계속 전개시키고 어떻게 완결을 짓겠다는 구상이 있겠죠. 하지만 그것도 어떻게 보면 중간 단계를 계속 늘려가고 있는 것이고, 저희도 계속해서 다음 단계에서 어떤 이야기를 할지를 설계합니다. 그 설계

에 따라서 어떤 이벤트를 통해 스토리를 풀어나갈지, 유저들의 반응을 참고하면서 진행하는 것이죠.

선: 민메이를 너무 좋아했다고 하셨는데요. 민메이처럼 오랫동안 사랑받는 캐릭터를 만들려면 어떻게 하면 좋을까요? 앞으로 창작을 하려는 사람들을 위해, 매력적인 캐릭터를 만드는 데에 있어 조언을 주신다면.

김: 의도해서 만들기는 너무 힘들 것 같고요. 아마 〈마크로스〉 시리즈 제작진들도 이 정도로 오랫동안 사랑받는 '전설의 아이돌'이 될 줄은 모르셨을 수도 있습니다(웃음). 결국 캐릭터의 매력을 만들고자 한다면, 성격이나 외모만으로는 어렵고 스토리에 맞춰야 하는 부분도 있습니다. 또 어떤 상황에서 어떤 시선으로 보는가, 결국은 보는 사람에 따라서도 받아들이는게 달라질 수 있으니까요. 보는 사람이 어떻게 공감할 수 있도록 만드는가 하는 점이 중요할 것입니다.

선: 〈마크로스〉 시리즈는 전통적으로 '음악'이 중요한 테마인 작품인데, 게임에서도 음악은 빼놓을 수 없는 요소입니다. 〈마크로스〉 시리즈에서 듣게 된 음악에 대해서는 어떤 감상을 갖고 계시나요.

김: 음악과 노래는 시대를 타지 않고 마음을 움직이는 힘이 있죠. 같은 장면이라도 음악에 따라 분위기가 완전히 달라지는데요. 특히 〈마크로스〉 시리즈는 음악을 적재적소에 잘 활용하고 있어서 공부가 됩니다. 노래로 전투를 승리로 이끈다는 연출을 만들어낸 작품이니까요.

「TV판 마크로스」 이후, 「마크로스7」에선 락 음악, 「마크로스 플러스」에선 몽환적인 사운드, 「마크로스F」에선 듀엣이 부르는 노래, 「마크로스Δ」에선 걸그룹 등 시리즈마다 새로운 음악적 시도를 한다는 점도 굉장하다고 생각합니다.

선: 애니메이션과 만화의 차이라고 주로 이야기하는 것 중 하나가 소리, 즉 '사운드'의 존재인데요. 애니메이션과 다른 게임만의 차별점이라면 소위 '인터랙티브(interactive)', 즉 쌍방향으로 상호작용을 하는 것일 텐데요. 그러고보면 〈마크로스〉 시리즈도 게임이 많이 나오기도 했습니다만, 게임이란 장르만이 갖고 있는 특징이라면 뭐가 있을까요.

김: 말씀대로 인터랙티브하다는 차별점이 있을 것 같습니다. 연출 자체를 인터랙티브하게 만들 수 있다는 것. 플레이어가 고르는 선택지에 따라 전개가 바뀔 수도 있고요.

컨텐츠의 글로벌화,
〈마크로스〉 시리즈의 한국 전개

선: 예전에 〈마크로스〉 시리즈를 보던 시절에는 편지를 보내고 외국어를 배우는 등 외국 작품을 보기 위해서 장벽이 많았는데요. 지금은 이렇게 해외에서 방영되기도 하고, 피디님이 만드는 게임도 다른 나라에서 서비스되고 있습니다. 한 나라에서 콘텐츠를 만들어도 자연스럽게 글로벌하게 유통되는 시대가 되었는데, 한 작품이 타국에서 판매된다는 것에 대해 어떤 생각을 갖고 계신가요.

김: 글로벌을 처음부터 의식하면서 만들려고 하면 너무 어려운 것 같아요. 외국 취향을 가늠하면서, 거기에 맞추려고 만드는 것은

적중율이 너무 떨어지는 방식이라고 생각합니다. 그래서 저는 기본적으로 제가 좋아할 수 있는 작품, 저의 동료들이 같이 좋아할 수 있는 작품을 만들고자 합니다. 저는 〈마크로스〉 시리즈와 같은 작품을 오랫동안 즐겨왔기 때문에 어느 정도 일본에서 선호하는 콘텐츠에 대한 감각은 갖고 있었기 때문에 그런 게임을 만들 수 있었는데요. 하지만 기본적으로는 글로벌이라거나 세계 전체를 생각하면서 만들기보다는 스스로 좋아하는 작품을 목표로 하는 편이 나을 거라고 봅니다.

선: 앞으로 게임 업계에 들어가고 싶은 젊은이들에게 전하고 싶은 말이 있다면 어떤 것이 있을까요. 어떤 것을 참고하라거나, 어떤 관점을 갖는 게 좋다거나….

김: "관점을 가져라"라는 말씀에 저도 굉장히 공감이 가는데, 일단 컨텐츠를 다양하게 섭취할 필요가 있을 것 같습니다. 제가 워낙 〈마크로스〉 시리즈를 좋아하다 보니까 〈마크로스〉 시리즈만 보라는 것처럼 이야기를 한 것 같은데…(웃음). 다른 로봇물도 보고, 아니면 일상물이나 아이돌물 혹은 일본 작품이 아니라 미국 작품도 볼 수 있고요. 아예 애니메이션이 아니더라도 다양한 컨텐츠를 보면서 각각의 재미 포인트를 찾을 수도 있겠죠. 자기자신만의 관점을 가지고 어떻게 소화할 것인지가 더 중요할 것 같습니다. 그렇게 다양한 작품들을 보다가 나라면 어떤 식으로 만들 것인지를 찾아갈 수 있다면 좋겠죠.

선: 마지막으로 현재 하시는 일에 대해 간단히 소개 부탁드립니다.

김: 「블루 아카이브」 총괄 피디를 계속 하고 있고요. 신작 준비도 해야 하는데 아직은 구체적으로 나온 것이 없는 상황입니다. 「블루 아카이브」만으로도 계속해서 새로운 것들을 만들어야 해서요.

선: 그렇군요. 아무튼 이번에 비로소 한국에서도 〈마크로스〉 시리즈 관련 서적이 나오게 되었는데요. 사실 일본에서는 이런 종류의 책이 오래 전부터 많이 나왔지만, 한국에서는 드문 사례인 것 같습니다. 이렇게 인터뷰에 응해주셔서 감사합니다.

김: 〈마크로스〉 시리즈가 이렇게 한국에서 책이 나와서 제가 이렇게 〈마크로스〉 시리즈에 대해 이야기할 수 있는 기회를 가질 수 있어서 영광입니다.

「TV판 마크로스」부터 따져보면 상당히 오래 된 작품인데, 아직까지도 이렇게 회자되고 후속작이 나온다는 것은 '클래식'이 되었다는 말이거든요. 클래식이 될 수 있었던 데에는 이유가 있기 때문에…. 처음 〈마크로스〉 시리즈를 접하는 분들도 새로운 작품들도 물론 좋지만 예전 작품도 접하는 기회가 생겼으면 합니다. 그런 것을 통해 영감을 받게 되신다면 좋겠습니다.

List of MACROSS MUSIC ALBUMS

*여기에서는 각 시리즈의 대표적인 음반만을 소개합니다.
** 일부 시리즈는 저작권 관계로 앨범 이미지는 제외합니다.
** 소개 음반은 국내에 정식 소개 및 판매되지 않는 음반입니다.
「초시공요새 마크로스II -LOVERS AGAIN-」 이후의 음악은 관련 사이트에서 스트리밍 등을 통해 감상하실 수 있습니다.

「초시공요새 마크로스」•「초시공요새 마크로스 사랑, 기억하시나요」

「超時空要塞マクロス」ソング・コレクション
초시공요새 마크로스 SONG COLLECTION

1985.03.21 / 전17곡
대표곡
愛・おぼえていますか / 私の彼はパイロット
/ 小白竜 / 天使の絵の具
「초시공요새 마크로스」의 삽입곡을 모은 앨범.

超時空要塞マクロス マクロス
초시공요새 마크로스 마크로스
하네다 켄타로(羽田健太郎) / 1995.05.03 / 전20곡

超時空要塞マクロス マクロス Vol.II
초시공요새 마크로스 마크로스 Vol.II

하네다 켄타로 / 1995.05.03 / 전25곡

超時空要塞マクロス マクロス Vol.III MISS D.J.
초시공요새 마크로스 마크로스 Vol.III MISS D.J.
하네다 켄타로 / 1995.05.03 / 전19곡

超時空要塞マクロス マクロス Vol.IV～遥かなる想い～
초시공요새 마크로스 마크로스 Vol.IV～아득한 마음～

하네다 켄타로 / 1995.05.03 / 전9곡
또 다른 히로인 미사에게 초점을 맞춘 드라마 기획앨범.

超時空要塞マクロス 愛・おぼえていますか
― オリジナル・サウンドトラック
초시공요새 마크로스 사랑·기억하시나요
‑ 오리지널 사운드트랙

하네다 켄타로 / 1995.05.03 / 전14곡
대표곡
愛・おぼえていますか / 天使の絵の具
84년의 「극장판 마크로스」의 사운드 트랙.

「초시공요새 마크로스」•「초시공요새 마크로스 사랑, 기억하시나요」

超時空要塞マクロス マクロス・ザ・コンプリート
초시공요새 마크로스 마크로스 더 컴플리트

1992.03.21

■Disc1:
○초시공요새 마크로스 사운드트랙 Vol.1
○초시공요새 마크로스 사운드트랙 Vol.2

■Disc2:
○영화 초시공요새 마크로스 사운드트랙 음악편
○마크로스 오리지널 카라오케집

■Disc3:
○마크로스 아더 보컬 컬렉션(OVD-오리지널 비디오 드라마 삽입곡 등)
○TV시리즈 미발표곡 ○영화판 미발표곡
아날로그로만 발매되었던 「초시공요새 마크로스」 전 앨범의 악곡과 미발표 BGM 등을 모았다. 당시의 DJ, 기획 드라마 등은 제외.

「초시공요새 마크로스 Flash Back 2012」

超時空要塞マクロス Flash Back 2012
초시공요새 마크로스 Flash Back 2012

2008.02.22 / 전9곡
원작은 1987년 6월 21일에 발매된 OVA.
「초시공요새 마크로스 사랑·기억하시나요」에서 제작되지 못했던 린 민메이의 콘서트 장면을 재현하기 위해 기획되었다. 환상의 엔딩 필름 「천사의 그림물감(天使の絵の具)」이 대표적이다.

* 이 작품은 음악 앨범은 아니지만, 뮤직 비디오 형식으로 음악을 감상할 수 있어 함께 소개합니다.

【스텝】
구성: 카와모리 쇼지
캐릭터 디자인, 작화감독: 미키모토 하루히코
노래: 이이지마 마리(飯島真理) / 후지와라 마코토(藤原誠)

「초시공요새 마크로스 II -LOVERS AGAIN-」

**超時空要塞マクロスII
オリジナルサウンドトラック**
초시공요새 마크로스 II 오리지널 사운드트랙

사기스 시로(鷺巣詩郎) /1992.07.22 / 전19곡
대표곡
2億年前のように静かだね
/ 恋のバナナムーン / バルキリーで誘って
/ 今は友達 / de・ja・vu〜そばにいて
심포닉한 이미지와 프로그레시브 사운드를 믹
싱해 새로운 세계를 만들어내는데 성공했다고
평가받는다.

**超時空要塞マクロスII
オリジナル・サントラ Vol.2**
초시공요새 마크로스 II 오리지널 사운드트랙
Vol.2

1992.12.16 / 전26곡
대표곡: もういちど Love you / あなたを感
じているーミア・センテス・レン / 約束

「마크로스 플러스」

**MACROSS PLUS
ORIGINAL SOUNDTRACK**

YOKO KANNO with MEMBERS OF ISRAEL
PHILHARMONIC ORCHESTRA
/1994.10.21 / 전11곡
대표곡
SANTI-U
칸노 요코 최초의 애니메이션 사운드트랙 제
작 작품.

The Cream P•U•F

SHARONE APPLE /1995.02.22 / 전4곡
대표곡: Idol Talk / INFORMATION HIGH

「마크로스7」

マクロス7 LET'S FIRE!
마크로스7 LET'S FIRE!

FIRE BOMBER / 1995.06.07 / 전13곡
대표곡
PLANET DANCE(Duet Version)
/ 突撃ラブハート(Duet Version)
/ HOLLY LONELY LIGHT
「마크로스7」의 밴드 FIRE BOMBER의 첫 앨범.

マクロス7 SECOND FIRE!!
마크로스7 SECOND FIRE!!

FIRE BOMBER / 1995.10.21 / 전10곡
대표곡
LIGHT THE LIGHT / TRY AGAIN

「마크로스 제로」

**マクロスゼロ
オリジナルサウンドトラック 1**
마크로스 제로 오리지널 사운드 트랙 1

하이시마 쿠니아키(𠮷島邦明) /2003.01.22
/ 전17곡

「마크로스F」

マクロスF O.S.T.1 娘フロ。
마크로스F O.S.T.1 냥프로.

칸노 요코(菅野よう子) /2008.06.04 / 전24곡
대표곡
シェリル・ノーム starring May'n: 射手座☆
午後九時Don't be late / インフィニティ /
ダイアモンド クレバス / トライアングラー
ランカ・リー＝中島 愛: ニンジーン
Loves you yeah!/ アイモ
/「超時空飯店 娘々」CMソング
(Ranka Version)

マクロスF O.S.T.2 娘トラ☆
마크로스F O.S.T.2 냥토라☆

칸노 요코 / 2008.10.08 / 전20곡
대표곡
シェリル・ノーム starring May'n
: ノーザンクロス / 妖精
ランカ・リー＝中島 愛: 星間飛行
/ アナタノオト / 蒼のエーテル

**「マクロスF」VOCAL COLLECTION
「娘たま♀1」**
「마크로스F」VOCAL COLLECTION
「냥타마1」

칸노 요코 / 2008.12.03 / 2CD / 전22곡
대표곡
May'n/中島 愛: ライオン
ランカ・リー＝中島 愛
／シェリル・ノーム starring May'n
: What 'bout my star? @Formo

「마크로스F」

「劇場版マクロスF
〜イツワリノウタヒメ〜」
ユニバーサル・バニー
「극장판 마크로스F〜 거짓의 가희〜」
유니버설 버니

셰릴 놈 starring May'n / 2009.11.25 / 전8곡

「劇場版マクロスF〜サヨナラノツバサ〜」
netabare album the end of "triangle"
「극장판 마크로스F〜이별의 날개〜」
netabare album the end of "triangle"

셰릴 놈 starring May'n & 란카 리＝中島 愛
produced by 칸노 요코 / 2011.03.09 / 전17곡
대표곡
サヨナラノツバサ 〜the end of triangle,
シェリル・ノーム starring May'n
/ランカ・リー＝中島 愛
放課後オーバーフロウ,
ランカ・リー＝中島 愛

「劇場短編マクロスF〜時の迷宮〜」
主題歌「時の迷宮」
「극장단편 마크로스F〜시간의 미궁〜」
주제가 「시간의 미궁」

셰릴 놈 starring May'n & 란카 리＝中島 愛
/ 2021.11.10 / 전5곡
2011년 개봉한 「극장판 마크로스F 〜이별의
날개〜」 이후 「마크로스F」 단독으로는 10년
만인 신작 사운드트랙.

「마크로스Δ」

一度だけの恋なら
/ ルンがピカッと光ったら
단 한 번의 사랑이라면 / 룬이 반짝하고 빛나면

대표곡
一度だけの恋なら
왈큐레(ワルキューレ) / 2016.05.11 / 전6곡

Walküre Attack!

왈큐레 / 2016.07.06 / 전12곡
대표곡
いけないボーダーライン
〜album version〜
「마크로스Δ」에서 왈큐레가 부르는 주제가, 삽
입곡을 수록한 퍼스트 풀 앨범.

絶対零度θノヴァティック/ 破滅の純情
절대영도θ 노바틱 / 파멸의 순정

왈큐레 / 2016.08.10 / 전9곡

「마크로스Δ」

Walküre Trap!

왈큐레 / 2016.09.28 / 전12곡
대표곡
Absolute 5
「마크로스Δ」의 2쿨의 삽입곡, 주제가를 모은
왈큐레 세컨드 앨범.

ワルキューレは裏切らない
왈큐레는 배신하지 않아

왈큐레 / 2018.02.14 / 전8곡

Walküre Reborn!

왈큐레 / 2021.10.13 / 전12곡
대표곡
ワルキューレはあきらめない
/ 未来はオンナのためにある
-movie edition-

「劇場版マクロスΔ 絶対LIVE!!!!!!」
オリジナルサウンドトラック
「극장판 마크로스Δ 절대 LIVE!!!!!!」
오리지널 사운드트랙

Yami_Q_ray / 2021.10.20 / 전20곡
대표곡
Glow in the dark / Diva in Abyss
/ 綺麗な花には毒がある
(mm28)

マクロス40周年記念
超時空コラボアルバム
「デカルチャー!!ミクスチャー!!!!!」
마크로스 40주년 기념 초시공 콜라보 앨범
「데카르챠!!믹스챠!!!!!」

셰릴·란카·왈큐레 / 2022.04.06
셰릴과 란카가 왈큐레의 노래를, 왈큐레가 셰
릴과 란카의 노래를 부르는 크로스오버 앨범.
또한 7명이 부르는 「사랑·기억하시나요(40th
Anniversary DeCulture Edition)」도 수록.

⟨마크로스⟩ 시리즈의 음악을 만들다

⟨마크로스⟩ 시리즈를 우리나라에 처음으로 정식 소개하는 도서 발간을 기념해서 ⟨마크로스⟩ 시리즈 제작에 직접 참여하신 분들을 모시고 특별 인터뷰를 진행했습니다.
그 두 번째 인터뷰는 바로!!
⟨마크로스⟩ 시리즈에서 빼놓을 수 없는 사운드트랙과 음악을 제작하신 사사키 시로 님과의 인터뷰입니다. 우리에게 잘 알려진 명곡들로 가득한 ⟨마크로스⟩ 시리즈의 음악이 세상에 나오기까지, 오랜 기간동안 ⟨마크로스⟩ 시리즈와 함께 해오신 사사키 대표님을 모시고 ⟨마크로스⟩ 시리즈의 음악에 관해 이야기를 나누어 보았습니다.

interviewer 선정우

사사키 시로

(佐々木史朗, SHIRO SASAKI)

프로파일
현 주식회사 플라잉독(フライングドッグ) 대표이사
음악 디렉터, 프로듀서.
1982년 빅터음악산업(현 빅터엔터테인먼트) 입사.
2009년 주식회사 플라잉독 설립.
2017년 주식회사 아뉴타(アニュータ) 설립.

대표작
⟨마크로스⟩ 시리즈, 「아키라(AKIRA)」, 「톱을 노려라!(トップをねらえ!)」,
「체포하겠어(逮捕しちゃうぞ)」, 「메모리즈(MEMORIES)」, 「용자 시리즈」,
「천공의 에스카플로네(天空のエスカフローネ)」, 「카우보이 비밥(カウボーイビバップ)」,
「X」, 「카드캡터 사쿠라(カードキャプターさくら)」, 「라제폰(ラーゼフォン)」, 「인랑(人狼)」,
「공각기동대 STANDALONE COMPLEX(攻殻機動隊STANDALONE COMPLEX)」,
「창성의 아쿠에리온(創聖のアクエリオン)」, 「Panty & Stocking with Garterbelt」,
「이 세상의 한 구석에(この世界の片隅に)」 등

「초시공요요새 마크로스II -LOVERS AGAIN-」 중에서.

선: 사사키 님은 1982년에 빅터음악산업*에 입사해 일을 시작하신걸로 알고 있습니다. 그럼 1980년대 일본의 음악 산업과 80년대 말~90년대를 거쳐 '애니메이션 송' 장르 경험이 많으실 것 같습니다.

사사키: 입사해 처음에는 오사카 지역에서 영업직을 맡았습니다. 당시에는 CD가 아닌 레코드 판매여서 그 레코드 판매점 영업직을 맡았던거죠. 오사카에 간 해에 「초시공요새 마크로스」가 시작되었죠. 원래 저는 TV애니는 어린이가 보는 거라고 생각했습니다. 물론 레코드는 부모님 세대가 사지만, 「TV판 마크로스」 음반은 많이 팔렸습니다. 게다가 중고등학생, 대학생 남자들이 사서 깜짝 놀랐던 기억이 납니다.

선: 음반 구매층이 중고등학생, 대학생 남자들이라고 하셨는데, 1980년대에 여성들은 아직 애니 레코드를 사지 않았던 건가요?

사사키: 그보다는 「TV판 마크로스」 팬 중에 남성이 많았던 것이겠죠. 여성 대상 애니라면 물론 여성 팬들도 있었겠지만, 「TV판 마크로스」는 남성 팬이 많았습니다.

선: 〈마크로스〉 시리즈 중 처음 업무로 맡은 것이 「초시공요새 마크로스II -LOVERS AGAIN」(1992년)으로 알고 있습니다. 그 이

---

* 빅터 음악산업(ビクター音楽産業). 이후 '빅터 엔터테인먼트(ビクターエンタテインメント)'로 명칭 변경.

전에는 영업직이었다고 하셨는데, 당시에 〈마크로스〉 시리즈에 대해선 어떤 감상을 갖고 계셨는지요?

사사키: 학생 시절에는 밴드를 했고 애니는 어렸을 때만 봤지 잘 몰랐습니다. 그래서 애니 레코드가 그렇게 많이 팔릴 줄은 몰랐죠. 초등학생만이 아니라 고등학생, 대학생이 샀다는 점도 매우 놀랐구요. 〈마크로스〉 시리즈를 필두로 빅터에서도 애니 레코드가 점점 많이 팔렸습니다. 지금 기억나는 것은 「요술공주 밍키(魔法のプリンセス ミンキーモモ)」(1982년) 같은 '마법 소녀물' 장르 작품, 극장판 「크러셔 죠(クラッシャージョウ)」(1983년)라는 선라이즈의 SF 영화 등입니다. 그런 식으로 빅터에서도 애니 음악이 많이 팔리기 시작한게 1982년이었습니다.

제가 있던 지점에는 서른이 넘은 아저씨들이 많았는데, 저는 막 입사해서 22~23세 정도로 가장 젊은 축이었습니다. 제가 막내고 아저씨들은 애니를 잘 모르니까 네가 애니 공부하라고 했죠. 그래서 애니 이벤트를 열기도 하는 등 여러가지 일을 했습니다. 애니 제작부에 들어가기 전부터 어느 정도 애니 관련 업무는 하고 있었던거죠. 애니 잡지를 사서 읽기도 했고요.

선: 그 뒤에 애니메이션 부서로 가신 것이군요.

사사키: 그렇습니다. 애니 음악을 만드는 부서였죠. 오사카의 사사키라는 젊은 직원이 이벤트 일도 하고 여러 가지 하더라는 얘기가 돌았고, 그때 도쿄의 애니메이션 부문에서 이쪽으로 오라고 부른거죠.

선: 당시 「TV판 마크로스」 음악 디렉터는 빅터에서 나가타 모리히로(永田守弘)라는 분이 맡으신 걸로 알고 있는데요. 「TV판 마크로스」 음악에 대한 방법론을 배우거나 하신 것인가요.

사사키: 제가 도쿄의 애니메이션 부문에 들어가게 1985년입니다. 그때 이미 「초시공요새 마크로스 사랑·기억하시나요」도 끝난 뒤였고, 아슬아슬하게 「초시공요새 마크로스 은하에 내리는 눈(超時空要塞マクロス 銀河に降る雪)」이란 이미지 앨범을 만들던 때였습니다.

처음 가서는 나가타 씨의 어시스턴트를 맡았습니다. 나가타 씨가 선생님이고 제가 어시스턴트였는데, 〈마크로스〉 시리즈 작업은 끝난 후였죠. 다만 이이지마 마리(飯島真理) 씨 소속사 사장님이 학생 시절 제가 하던 밴드에서 신세를 졌던 분이었거든요. 그렇게

「초시공요새 마크로스II 오리지널 사운드트랙」

「초시공요새 마크로스II 오리지널 사운드트랙 Vol.2」

보면 도쿄에 가기 전부터도 조금 관계는 있었다고 할 수 있겠죠.

선: 1980년대에는 〈마크로스〉 시리즈 이외의 작품들을 담당했고, 1992년에 「마크로스II」 음악을 맡으셨군요. 그때 어째서 사기스 시로(鷺巣詩郎) 씨에게 음악을 의뢰하려고 생각하신건지, 그리고 「마크로스II」의 음악을 어떻게 만들려고 하신 것인지요.

사사키: 나가타 씨의 제자랄까 어시스턴트로서, 「메가존 23(メガゾーン23)」라는 오리지널 비디오(OVA) 작품 음악 제작을 나가타 씨가 맡았습니다. 그때 음악을 사기스 씨가 맡았었죠. 「TV판 마크로스」의 음악은 하네다 켄타로(羽田健太郎) 씨로 상당히 선배였던 분입니다. 그런데 사기스 씨는 저와 나이가 비슷하고, 음악적 취미도 맞는 부분이 있었죠. 그래서 다음 〈마크로스〉 시리즈 이야기가 나왔을 때 사기스 씨와 함께 해보고 싶어 의뢰했습니다. 그런데 「마크로스II」는 TV판이 아니라 OVA 작품이었죠. 전작 성우이자 노래를 부른 이이지마 마리 씨는 「TV판 마크로스」 당시에 첫 데뷔를 했습니다. 연기는 처음이었는데, TV판 녹음이 매주 진행되면서 36화를 연기하니까 계속 성우로서 성장할 수 있었죠. 하지만 OVA는 그렇게 시간을 들일 수가 없어서 신인 연기자를 주역으로 기용하긴 어려웠습니다. 「마크로스II」에 등장하는 가수는 '이슈타르'인데, 노래도 잘해야하지만 성우 연기를 할 수 있는 사람을 기용하지 않으면 어렵겠다고 생각해서 양쪽 다 잘하는 분으로 찾아낸 것이 카사하라 히로코(笠原弘子) 씨였습니다.

선: 「TV판 마크로스」에선 린 민메이 역의 이이지마 마리 씨가 부른 노래가 많았습니다. 「마크로스II」에서는 카사하라 히로코 씨 외에도 오프닝 곡, 엔딩 곡은 카네코 미카(金子美香) 씨가 맡는 등 여러 아티스트가 노래를 불렀죠. 민메이라는 한 명의 가수가 노래부르던 것을 여러 명의 가수로 바꾼 셈인데, 어떤 생각으로 그렇게 하셨던건가요?

사사키: TV는 매주 볼 수 있지만 비디오는 몇 개월에 한 편 발매라서 곡을 많이 만들 수가 없습니다. 최종적으로 싸움을 멈추게 하는 곡은 이슈타르의 곡이라 그래도 3곡 정도만 만들었죠. 또 「TV판 마크로스」도 오프닝 곡은 후지와라 마코토(藤原誠) 씨였으니까요. 그렇게 오프닝과 엔딩을 다른 가수가 부르는 것은 처음부터 결정된 사안이었습니다. 이슈타르의 곡은 후반에 고조시키는 부분에서 쓰려고 했습니다.

애니메이션 음악의 제작

선: 다른 인터뷰에서 봤습니다만, 애니메이션 음악은 배경 음악[劇伴]으로 대략 80곡 정도 만든다고 들었습니다. 이 80곡은 짧은 BGM까지도 다 합친 숫자겠죠?

사사키: 그렇습니다. 15초 짜리 곡도 있고 2분 짜리 곡도 있죠. 실사 영화나 드라마와 비교하면 TV애니는 영상의 '움직임'이 적은 편입니다. 예를 들어, 얼굴 클로즈업 화면만 길게 잡기는 어렵습니다. 실사라면 배우의 표정만으로 5초든 10초든 잡을 수도 있지만, 애니에서는 그걸 5초나 10초를 잡고 있기 어렵죠. 그래서 음악이 필요합니다. 그러니 BGM을 만들면 실사보다 곡 수가 많이 필요합니다. 요즘은 화면에서 그림을 많이 움직이는 애니가 늘어나서 꼭 그렇지만은 않지만, 옛날 애니는 그 정도로 그림이 많이 움직이지 못했거든요. 그때는 음악이라도 넣지 않으면 틈을 메울 수가 없었죠. 그래서 실사와 비교해 애니 BGM의 곡 수가 많은 편입니다.

선: 짧게 방영하는 TV애니에서 그만큼 많은 곡을 만들고, 녹음하고, 또 그걸 편집해서 작품 속에 넣으려면…. 작곡도 녹음도 전부 빨리 작업을 해야 한다는 뜻인데요. 그러면 너무 힘든 일 아닌가요?

사사키: 예전에는 반 년 짜리 애니가 많아서 70~80곡 정도 필요했는데, 요즘은 3개월 짜리 애니가 많으니까 40~50곡 정도면 되긴 합니다. 그래도 40~50곡을 만들기는 해야 하지만요.

TV애니는 음악을 만드는 단계에선 영상은 거의 아무 것도 없는 상태입니다. 때로는 1화도 아직 안만들어진 상태에서 곡을 만들어야 되죠. 그림도 없는 단계에서 전곡을 만들어 녹음하지 않으면 예산 때문에 스케줄이 맞지 않습니다. 그래서 한 번에 50곡을 다 녹음합니다. 그 50곡을 녹음할 때에 1화라도 완성되면 그나마 다행이죠. 나머지는 콘티가 있으면 다행이고 각본 밖에 없는 경우가 많죠. 그런 상황에서 12화 분량의 음악을 전부 만들어야 됩니다. 그러니 힘들다면 힘들 수도 있죠.

반면 영화는 완성된 그림에 음악을 붙이는 경우가 많거든요. 특히 실사 영화는 더 그렇고요. 애니는 그렇게 하기 힘듭니다. 이 장면부터 이 장면까지 이렇게 붙이면 좋겠다는 식으로 할 수 있으면 좋겠는데, TV애니에선 "아마 이런 식의 배틀 장면이 10번 정도 나올 테니까, 10곡 정도 만들자"라는 식으로 만들게 됩니다.

선: 극장판에서는 사정이 좀 다르겠군요.

사사키: 그렇죠. 그림이 다 완성되지 못했더라도 콘티는 완성된 경우가 많거든요. 그러면 이 콘티에서 이 장면부터 이 장면까지 만들면 된다는 얘기를 듣고 음악을 만들 수 있으니까 전혀 다른 상황이죠. TV애니는 아예 장면 자체를 알 수 없는 상황에서 만드는 경우도 있습니다.

선: 그러면 TV애니의 경우, 작곡할 때 생각했던 것과 완성된 작품에서 분위기가 달라지는 경우도 발생하지 않나요?

사사키: 그래서 가능한 한 그런 일이 없도록 하는게 우리 업무이죠(웃음). 영상 쪽 스태프와 음악 쪽 스태프의 커뮤니케이션이 어긋나지 않도록 하는 게 제 일이라고 생각합니다. 예를 들어, 이런 종류의 음악을 생각하는 건가요? 하고 질문도 하고 실제 샘플로 들려주기도 하는 거죠. 그걸 작곡가 쪽에 전달하는, 일종의 통역 역할입니다. 음악과 연출 사이에 용어가 다른 경우가 있거든요. 그러니 양쪽 분야를 아는 우리들이 통역을 맡아서 서로 맞추도록 하는 것입니다.

선: 그러면 TV애니는 특히나 그런 커뮤니케이션이 중요하겠군요. 물론 다른 일들도 커뮤니케이션은 다 중요하겠습니다만….

사사키: 그렇죠. 바로 그래서 결국 다들 커뮤니케이션에 문제가 없는 TV애니에 익숙한 작곡가를 기용합니다. 그런 쪽을 잘 알고 믿을만하다 싶은 작곡가만 쓰게 되니까 아무래도 선택의 폭이 좁아지게 됩니다. 하지만 커뮤니케이션 가능한 통역이 있으면, TV애니에 익숙하지 않은 새로운 작곡가도 기용할 수 있죠. 하지만 요즘은 사운드트랙도 잘 안 팔리니 그냥 무난하게 가자는 경우도 많고, TV애니에 익숙한 사람이 흔한 방식으로 만드는 일이 늘어나고 있지 않나 싶습니다. 물론 카와모리 씨처럼 지금까지

와는 다른 새로운 것을 추구하는 연출가도 있으니까요. 그런 분들이 새로운 작품을 보여주고 있죠. 다만 작품 수가 많으니 무난하게 가는 경우도 많다는 것입니다.

선: 그런 업계 사정은 일본에선 애니메이션 잡지 등에 간혹 기사로 실리지만, 한국에서는 이런 자세한 상황까지는 전해지지 않습니다. 귀중한 말씀 들려주셔서 감사합니다.

마크로스 시리즈 음악의 특징

선: 「마크로스II」 이후로도 「마크로스 플러스」, 「마크로스7」, 「마크로스F」, 「마크로스Δ」까지 계속해서 〈마크로스〉 시리즈의 음악을 맡으셨는데요. 시리즈 전체의 음악에 대해서는 어떻게 생각하시는지요? 〈마크로스〉 시리즈 음악의 특징이라거나….

사사키: 〈마크로스〉 시리즈의 특징이라면 주인공 한 명이 반드시 가수라는 점이죠. 노래 부르는 가수가 포인트입니다. 「TV판 마크로스」는 민메이가 부르는 것이 세일즈 포인트였고, 다들 그 부분에 반응했습니다. 다른 인터뷰에서도 말한 적 있지만, 보는 이들이 민메이란 인물이 실제로 존재한다고 생각하도록 하지 않으면 안 됩니다. 그 노래에 감동할 수 있도록 해야 한다는 거죠. 그래서 너무 잘 알려진 가수를 기용하면 시청자들은 민메이가 아니라 그 가수의 노래로 생각하게 되버립니다. 실제 민메이가 부르는 것처럼 여겨지려면 시청자들이 가수 얼굴을 모르는 편이 나은 것이죠. 그래서 신인 가수, 사람들이 잘 모르는 가수의 목소리를 듣고, 마치 민메이, 넥키 바사라, 란카 리가 부르나 보다 쉽게 신인을 기용했던 것입니다. 그러면 팬들은 예를 들어, 후쿠야마 요시키(福山芳樹)의 노래로 생각하는게 아니라 바사라의 노래라고 생각하는 것이죠. 그런 점에서 잘 알려지지 않은 가수 기용이 하나의 포인트라고 생각합니다. 잘 안 알려졌다고 하면 가수 분께는 실례겠지만요(웃음).

선: 그럼 당시엔 애니 속 아이돌, 애니 속 가수라는 것이 새로운 개념이었겠군요. 지금은 CG로 만들어진 하츠네 미쿠(初音ミク)* 가

* 하츠네 미쿠(初音ミク)는 일본의 대표적인 '보컬로이드' 소프트웨어 및 그 소프트웨어의 이미지 캐릭터. 2007년 발매 이후 일본의 각종 동영상 사이트를 통해 큰 인기를 얻으며 '보컬로이드 붐'을 일으켰다. 2010년대 이후 일본의 작곡가 중에는 보컬로이드를 통해 본인의 곡을 동영상 사이트에 발표해서 유명세를 얻는 방식으로 데뷔한 인물도 많다. 보컬로이드 프로듀서 출신으로 프로 가수가 된 대표적인 사례라면 '요네즈 켄시'를 들 수 있다.

「마크로스 플러스」의 샤론 애플

등장했고, 유튜브나 SNS를 통해 노래 부르는 '우타이테(歌い手)** 가 나오기도 합니다. 물론 〈마크로스〉 시리즈를 제작할 때에 그런 미래를 정확히 예측했는지는 모르겠습니다만, 지금과 매우 닮았다는 점은 사실입니다. 이런 점에 대해서는 어떤 느낌을 받으시나요.

사사키: 하츠네 미쿠는 말 그대로 샤론 애플이라고 생각합니다. 그런 의미에선 샤론이 정말 참신했다는게 실감이 납니다. 실제로 샤론 같은 존재가 많이 나왔잖습니까.

아직은 스테이지 위 스크린에 투영해야 보이지만, 곧 홀로그래픽 같은 느낌으로 회장 내 어디에서도 볼 수 있도록 되겠지요. 마치 샤론 콘서트처럼 말이죠. 아마 이미 비슷하게는 할 수 있을 것 같아요. 그런 의미에서는 시대를 앞섰던 것 아닌가 합니다.

선: 작중에서 민메이, 바사라가 노래 부르는 것처럼 받아들여지도록 부르는 사람의 얼굴을 강조하지 않는다고 하셨는데요. '우타이테(歌い手)'도 그렇지만, 요즘 일본에서 가수로 데뷔할 때 회사와 계약하거나 콘테스트를 통하지 않고 직접 인터넷에 노래를 업로드해 자연스럽게 인기를 얻는 경우가 늘어난 것 같습니다. 그 중에는 얼굴을 드러내지 않는 경우도 있는데, 〈마크로스〉 시리즈에서 캐릭터가 실제로 존재하는 가수처럼 대중에게 받아들여지도록 노력하셨다는 것 역시도 '시대를 앞선 것' 아닌가 합니다.

과거에 레코드나 CD를 구매하던게 지금은 구독과 스트리밍으로 바뀐 것 역시, 대중이 음악을 즐기는 방식이 바뀐 것으로 볼 수 있겠지요. 일본 음악 산업 중에서도 애니 송 분야는 그런 변화를 항상 민감하게 받아들였던게 아닌가 합니다.

사사키: 요즘처럼 얼굴을 보이지 않고 인터넷에서 노래를 부르는 사람들은 대략 하츠네 미쿠 정도 시기부터 나온 것으로 알고 있습니다.

그럼 「마크로스F」 정도의 시기일까요? 그 전까지는 전혀 그런 생각 없이 만들었던 것이죠. 오히려 인터넷에서 노래 부르는 분들도 애니를 보다가 그런 생각을 하게 된 것일지도 모르겠네요. 「마크로스F」 정도까지는 애니를 보고 라이브를 하고 CD를 팔고 하는 것 정도만 생각했습니다. 그러니 그렇게까지 미래에 대해서는 딱히 생각한 적은 없었습니다.

인터넷으로 발표하든 다른 곳에서 발표하든, 기본적으로 재미있는 영상에 좋은 음악을 넣고 그 음악에 감동하는 것은 다를 바가 없죠. 재미있는 스토리에 좋은 음악을 붙이는 것 자체는 어느 시대라도 똑같다고 봅니다. 그래서 시대가 바뀔 때마다 방법론이 바뀐다고는 생각하지 않고요. 기본적으로는 좋은 가수가 좋은 곡을 부르는게 중요합니다. 특히 〈마크로스〉 시리즈에선 노래에 힘이 있다는 설정이니까, 특별한 힘이 있는 음악이 아니면 안 됩니다. 노래 실력이 떨어진다거나 특징 없는 노래를 부르는 가수라면 '특별한 힘이 있다'는 설득력이 없게 되죠. 물론 얼굴을 내보이지 않는 점은 중요시했지만, 그 전에 제대로 설득력 있는 음악을 부를 수 있는지, 그런 설득력을 갖고 있는 곡인지가 〈마크로스〉 시

** 우타이테(歌い手)는 일본에서 SNS나 동영상 공유 사이트를 통해 노래를 부르는 동영상, '불러보았다(歌ってみた)'를 업로드하는 아마추어 가수를 일컫는 말. 주로 유명 가수의 커버 곡을 부르는 경우가 많지만, 오리지널 곡을 불러 인기를 얻는 '우타이테'도 많다. 유명한 우타이테 출신 가수로는 국내에서 2021년 '엠넷 아시안 뮤직 어워드(MAMA)'에서 수상한 바 있고 애니메이션 「원피스 필름 레드」의 주요 캐릭터의 노래를 담당하기도 한 Ado(아도)가 있다.

「마크로스F O.S.T.1 냥프로」

리즈에서 제일 중요한 지점입니다. 외계인이 동요할만큼 노래가 엄청난 힘을 갖고 있다는 설정이니, 실제로 그만한 노래가 아니면 시청자가 납득해주지 않을 거라고 보았습니다.

선: 힘을 가진 노래였기 때문인지 〈마크로스〉 시리즈 음악 중에는 한국에서도 인기를 끈 곡이 많습니다. 린 민메이 곡도 인기를 끌었고, 1990년대 말 이후로는 일본 음악 중에 다른 장르보다도 애니 송이 한국에서 더 일반화되기 시작했다고 할 수 있습니다. 그런 애니 송의 아티스트나 작곡가 중에 〈마크로스〉 시리즈에 참가했던 분들도 많고요. 사기스 시로 씨도 그렇고, 칸노 요코(菅野よう子) 씨도 한국에서 인기가 많습니다. 두 분 모두 한국 영화나 게임에서 음악을 맡은 적이 있죠. 그것도 두 분이 한국에서 인기가 높았기 때문입니다. 〈마크로스〉 시리즈 음악에 칸노 요코 씨를 기용한 데에는 어떤 경위가 있었는지요? 칸노 씨는 초기엔 게임과 광고 음악을 하고 있었는데요.

사사키: 칸노 씨는 〈마크로스〉 시리즈 이전에 빅터에서 「나의 지구를 지켜줘(ぼくの地球を守って)」(1993)란 소녀 만화 애니메이션에서 한 곡을 의뢰한 적이 있었습니다.[*] 그게 무척 좋은 곡이었다는게 중요한 이유입니다. 「마크로스 플러스」 이야기가 나왔을 때, 함께 프로듀스 하던 분과 칸노 씨에게 맡기면 재미있겠다고 이야기했습니다. 그래서 칸노 씨에게 의뢰했고, 카와모리 씨에겐 이 사람으로 하고 싶다고 해서 데모 테이프를 보냈던 겁니다. 칸노 씨는 그때까지 게임이나 광고 음악을 하느라고 전투 장면의 음악은 쓴 적이 별로 없었습니다. 그래서 전투 장면 배경에 쓸 곡이 가능할지 카와모리 씨는 약간 걱정했지만, 저는 전혀 문제없을 거라고 생각해서 다른 후보를 내지 않고 그대로 밀어붙였죠. 그대로 칸노 씨로 하겠다고 했습니다.

선: 그렇군요. 아티스트라는 차이는 있습니다만, 사카모토 마아야(坂本真綾) 씨의 노래도 한국에서 많은 인기를 끌었습니다. 사카모토 씨는 「마크로스F」 오프닝으로 높은 평가를 받았는데, 그 전에 「천공의 에스카플로네」 때부터 먼저 만나셨지요? 처음에는 어떻게 알게 되신 건가요. 그리고 「마크로스F」에서 사카모토 씨를 선택한 이유는 무엇일까요.

사사키: 「천공의 에스카플로네」 음악을 칸노 씨가 맡는 것은 결정

되었는데, 주제가를 부를 가수를 찾고 있었습니다. 데모 테이프를 몇 명 받아봤는데 결정 못하고 있었죠. 그런데 주연 캐릭터 성우가 아직 고등학생이란 말을 들었습니다. 그럼 그 성우한테 한 번 불러보도록 해보자고 이야기가 되었습니다. 당시 아역 배우를 하고 있었지만 아직 본격적인 배역은 많이 맡기 전이었죠. 사카모토 씨에게 노래를 시켜봤더니 아주 좋았습니다. 그래서 칸노 씨하고도, 주인공 성우이기도 하니까 이 친구로 가자고 결론이 났습니다. 그러다가 사카모토 씨 앨범을 3장 칸노 씨가 프로듀싱하고 그 후에 여러 일들을 하고 있었죠. 나중에 「마크로스F」 음악을 칸노 씨가 맡게 되면서, 오랜만에 칸노 요코와 사카모토 마아야가 함께 해보면 재미있겠다 했습니다. 그때 적어도 한 2~3년 정도는 일을 같이 하진 않았지만 오프닝 테마를 맡겼고, 오프닝을 했으니 이왕이면 배역도 시켜보자 해서, 란카의 어머니 배역을 맡았죠. 또 란카 노래의 작사도 맡으면 좋겠다 해서 작사도 하게 된 것입니다.[**]

선: 그렇군요.

사사키: 참고로 칸노 씨가 한국의 세종문화회관에서 게임 뮤직 라이브를 했을 때[***] 저도 있었습니다(웃음). 정말 큰 무대였죠. 돈도 많이 들었을 것이고, 일본에서 뮤지션도 많이 데려갔었거든요.

선: 한국에는 업무로나 다른 일로 오신 적은 있으신가요?

사사키: 아쉽지만 업무로 갔던 적은 없었네요. 아는 사람이 있긴 하지만 그 정도입니다. 해외 이야기가 나와서인데, 제가 가장 초기에 맡았던 애니 음악 중에 「AKIRA」(1988년)가 있었는데요. 나중에 칸노 씨 음악을 녹음하러 유럽을 자주 갔는데, 런던이나 파리에서 버진 메가스토어[****]나 HMV 등 CD샵에 가보면 일본의 다른 CD는 하나도 없는데 「AKIRA」는 있는 경우가 있었습니다. 「마크로스 플러스」도요. 일본 음악 중에 일본 말고 다른 곳에는, 뉴욕이든 파리이든 어디에서나 CD샵에 놓여 있는 것은 애니 음악이었죠. 그리고 「카우보이 비밥」도 맡았는데 그것도 해외에서 인기가 많았거든요. 그래서 이전부터 해외에서 인기가 있다는 실감은 들었습니다.

일본의 애니 음악이 인기있는 이유

선: 일본 음악 장르 중에서도 애니 송이 그렇게 널리 퍼질 수 있던 이유에 대해서는 어떻게 생각하십니까?

사사키: 원래 해외에서 만화는 '카툰'이라고 어린이 대상으로 만들어졌는데, 일본에는 '어른이 읽을 수 있는 만화'가 많았고, 자연스레 어른이 볼 수 있는 애니메이션도 만들어진 것이죠. 예를 들어, 하드SF라든지 요리 애니, 장기 애니 등 장르가 아주 다양했습니다. 그런 것이 해외에서 유럽이나 미국 TV나 위성TV를 통해 방영되었으니까요. 그렇게 음악도 함께 팔린 것 같습니다. 일본 가수로서의 해외 진출은 당시 어려웠겠지만 일본 애니에 담긴 애니 송은 좀 더 해외 진출이 쉬웠을 것 같습니다. 특히 칸노 씨 음악에는 일본어가 아닌 곡도 많았거든요. 일본어 노래를 알아듣기 어려운

---

[*] OVA의 엔딩 테마 「시간의 기억(時の記憶)」이 칸노 요코 작곡·편곡이었다.

[**] 사카모토 마아야는 「마크로스F」의 오프닝 테마 「트라이앵글러(トライアングラー)」(작곡·편곡 칸노 요코)를 불렀고, 엔딩 테마 중 하나인 란카 리의 곡 「아이모~새 인간(アイモ~鳥のひと)」(작곡·편곡 칸노 요코)의 공동 작사를 맡았다.
[***] 칸노 요코가 한국 게임 「라그나로크 온라인 2」의 음악을 맡은 후, 첫 내한 공연을 2007년 6월 20일 서울의 세종문화회관에서 열었다.
[****] 영국의 버진그룹이 운영하는 대형 CD 판매점.

101

외국인들에게는 그런 점에서는 유리했을지도 모르겠네요.

선: 다른 인터뷰에서, 애니 음악 이외의 장르에선 유행에 맞출 수밖에 없는데 애니 음악에선 그림에 맞기만 하면 여러 장르를 할 수 있다고 하셨지요. 오히려 재즈, 프로그레시브, 민속 음악 등 정말 다양한 장르의 음악에 도전할 수 있다고요. 애니 음악의 그런 자유로움이 해외에서 받아들여질 수 있던 이유가 아닐까요?

사사키: 우리 세대는 말 그대로 무엇이든 가능했고, 여러 장르의 음악을 할 수 있었습니다. 하지만 저보다 앞선 시대의 애니 음악은 장르가 어느 정도 정해져 있다는 느낌이 있었습니다. 배경 음악도 그렇고 노래도 그렇고, '애니송은 이런 느낌'이란 식으로 말이죠. 그러다가 그렇게 꼭 정해진대로 하지 않아도 그림에만 맞으면 상관없다는 방식을 시작할 수 있게 된 것이죠. 저도 다양한 장르를 좋아했기 때문에, 그것을 애니를 보는 사람들에게 알려주고 싶었습니다. 이런 좋은 음악도 있다는 걸 시청자들에게 알려주고 싶다는 마음도 있어서 그런 곡을 애니 음악에 넣으면 재미있겠다는 생각을 했죠.

선: 그런 변화가 중요했던 것이군요. 똑같은 메카닉 작품, 스포츠물, 학원물이라도, 과거에는 스포츠물이면 이런 느낌의 곡을 쓴다는 식으로 고정된 측면이 있다가 그게 점점 바뀌었다는 이야기군요. 그 장르에 어울리지 않을 것 같은 독특한 음악을 쓰는 경우도 생긴 것 같고요. 그런 다양한 곡까지 도입한 것이 일본 애니 음악의 자유로움으로 이어진 것 아닌가 합니다.

사사키: 제가 음악 디렉터가 된 직후에 「요도전」(1987년)*이라는 닌자물 애니메이션 음악을 맡았습니다. 보통 닌자물이면 '재패니즈 클래시컬'한 전통 음악을 쓰는 게 일반적이었죠. 타이코(太鼓)**를 쓰는 식으로요. 하지만 「요도전」에는 인도 음악의 시타르(sitar)나 타블라(tabla)***를 사용해 배경음악을 만들었습니다. 그것 때문에 한 소리 들었지만, 시대물엔 무조건 일본 전통 음악을 쓴다는 게 재미있지 않다고 생각했었죠. 닌자물이니까 일본식 음악을 쓰면 무난하게 잘 맞았을 거라 생각합니다만, 재미있지 않기 때문에 굳이 인도 음악적 요소를 집어넣었던 거죠. 그랬더니 의외로 반응

이 괜찮았습니다.

「AKIRA」 때에는 야마시로구미(山城組)****가 독특한 느낌으로 아주 원초적이고 아시아적인 음악을 미래 배경의 애니메이션에 넣었죠. 「AKIRA」 음악을 야마시로구미에 의뢰하자는 이야기는 오토모(大友克洋) 감독이 먼저 꺼냈는데, 미래 배경이니까 미래스러운 음악을 만드는게 아니라 원초적인 음악을 넣어서 재미가 만들어지는 셈이죠. 그런 의미에선 상당히 의식적으로 벗어나려는 생각은 갖고 있었습니다. 이런 것은 이렇게 하면 되겠지? 라는 당연한 방향으로만 하고 싶지는 않았죠. 그렇다고 완전히 동떨어져버리면 사람들이 따라주지 않을 테니 약간씩 비켜간다고 할까요. 그런 생각은 항상 하고 있었습니다.

선: 카와모리 님과의 인터뷰에서, 〈마크로스〉 시리즈도 그렇고 다른 작품에서도 그 전과 똑같은 방식으로는 만들고 싶지 않다고 하셨거든요. 그래서 〈마크로스〉 시리즈도 처음엔 시리즈화 하고 싶지 않았는데, 나중에 시리즈화 하면서도 이전 시리즈와는 다른 작품을 시도하고 싶었다고 하셨습니다. 그런 의미에선 이전에 해오던 방식으로 하고 싶지 않았다는 말씀은, 〈마크로스〉 시리즈 제작진들이 비슷한 성향을 공유했던 것 같습니다.

사사키: 원래 애니에서 가수를 그리는 건 작화면에서 매우 어렵습니다. 예산이나 스케줄 면에서요. 「TV판 마크로스」 때에 그런 어려운 길을 간 것은, 당시 카와모리 씨를 비롯해 젊은 스태프들이 많았거든요. 이들이 엄청나게 힘든 작업을 해서 완성한 것이 〈마크로스〉 시리즈였고, 그런 부분이 어렵긴 하지만 인기를 끌 수 있던 결과로 이어졌죠. 〈마크로스〉 시리즈 본편에는 그런 젊은이의, 이 젊다는 것도 마음이 젊다는 의미이기도 한데요, 당연한 쪽으로 가지 않고 굳이 어려운 쪽으로 가겠다는 의지가 본편에 흐르고 있습니다. 저도 거기에 공감했고요. 그래서 저도 음악에 있어서 더 도전적인 방향으로 가고 싶다고 생각했습니다.

노래를 듣고 거대한 외계인이 머리를 감싸쥐고 허둥지둥하는 내용은 보통 생각하지 않을 테니까요(웃음). 그리고 키스를 했더니

---

* 「전국기담 요도전(戦国奇譚 妖刀伝)」. 1980년대에 히트한 전국시대를 배경으로 한 OVA 작품.

** 일본식 큰 북. 한자 발음으로 읽어서 '태고'라고도 함.

*** 시타르(sitar)는 북인도 지역의 현악기. 타블라(tabla)는 북인도의 큰 북.

**** 게이노야마시로구미(芸能山城組)는 민속 음악을 중심으로 음악 활동을 하는 일본의 아티스트 그룹. 1974년에 결성된 후, 인도네시아 발리의 음악을 연주하기도 하고 일본 민요나 동유럽의 음악 등 다양한 장르를 도입하였다. 「AKIRA」의 원작 만화를 그린 만화가이자 애니메이션판 감독을 맡은 오토모 카쓰히로(大友克洋)의 요청으로 애니메이션 「AKIRA」의 음악을 담당하였다.

「마크로스 F」 OP테마 〈트라이앵글러〉

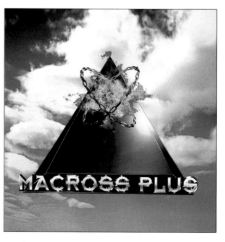

「MACROSS PLUS ORIGINAL SOUNDTRACK」

깜짝 놀란다든지 말이죠. 어찌 보면 조금 황당무계할 수도 있는 것을 진심으로 해내는 것이 젊은이들의 힘이겠죠. 그것을 어른들이 떠받치고 도와줘서 완성된 것이 「TV판 마크로스」입니다.

〈마크로스〉 시리즈 음악의 변화

선: 그렇게 〈마크로스〉 시리즈가 시작된 것이군요. 「마크로스Ⅱ」부터는 대표님도 계속 시리즈에 참여하셨습니다. 1990년대와 21세기 일본 애니 음악계의 중요한 작품을 담당하시면서 변화를 직접 느끼셨을텐데요. 〈마크로스〉 시리즈 음악도 지난 40년간 변한 부분과 변하지 않은 부분이 있을 것 같습니다. 〈마크로스〉 시리즈 음악의 변화에 관해서는 어떻게 생각하십니까?

사사키: 어떤 스토리냐에 따라 다르다고 봅니다. 「TV판 마크로스」는 일본에서 아이돌이 유행하던 시기라서 애니에 아이돌이 등장하면 재미있겠다 해서 시작된 것이죠. 「마크로스7」은 당시 밴드물이 유행해서 주인공과 등장인물들을 밴드로, 밴드 음악을 하게 되었고요.

「마크로스 플러스」는 약간 서양 영화 같다고 할까요. 애니 보다 외국 영화처럼 만들고 싶어서 그에 맞춰 새로운 음악을 넣으려고 칸노 씨에게 의뢰했습니다. 「마크로스F」 때에는 두 명의 가수가 있는 것으로 시작했죠. 그 중 한 명은 마돈나 같은 세계적인 아티스트, 한 명은 신인 아이돌 가수란 식으로 배치되었는데, 각각 나눠서 별도의 작곡가에게 부탁할까 했는데 칸노 씨가 1화 각본을 맘에 들어해서 양쪽 다 하겠다고 했죠. 「마크로스Δ」는 일본에서 아이돌 그룹이 인기를 끌기 시작했기 때문에, 노래 부르고 춤출 수 있는 아이돌 그룹을 주인공으로 해서 그에 맞춘 음악이 되었습니다. 전부 스토리에 맞춰 음악을 만든 것입니다. 그러면서도 너무 일반적이지는 않게 만들고자 했죠.

선: 오랫동안 음악 업계에서 일하시면서, 〈마크로스〉 시리즈는 물론, 말씀대로 '스토리에 맞춰' 음악을 만들며 여러 시도를 하셨는데요. 요즘 음악 업계는 일본만 아니라 한국, 미국도 많이 변화한 것 같습니다. 특히 한국 시장은 상당히 이전부터 음반이 아닌 음원으로 비중이 전환되었는데요. 일본이나 미국도 지금은 음원

판매, 구독 중심, 혹은 유튜브 등 영상과 함께 인터넷으로 음악을 소비하는 형태로 바뀌고 있습니다만, 이런 음악 산업의 변화에 대해서는 어떻게 생각하십니까?

사사키: 구독 중심으로 산업 체계가 재편되면, 전체적으로 뮤지션 활동만으로 먹고 살기 힘든 사람도 늘어날 것 같습니다. CD 시절에 받던 개런티를 받지 못하게 되니까요. 그러니 뮤지션의 수는 줄지 않았을까 합니다.

다만 아날로그 레코드나 CD 같은 패키지 소프트가 판매된 기간도 길어야 100년 이하, 한 50년 정도 되겠지요. 중세에 음악은 귀족을 위한 것, 돈을 가진 사람을 위해 음악이 만들어졌죠. 1940년~50년대에 TV나 라디오가 나온 다음에나 일반인도 음악을 들을 수 있었습니다. 어느 정도 저렴하게 음악을 즐길 수 있게 된 후에 레코드나 CD가 팔리기 시작한거죠. 그 뒤로 뮤지션의 수가 엄청나게 늘어났다고 할 수 있을 겁니다. 긴 인류 역사에서 보면 50년은 눈깜짝할 시간이죠. 그러니 우리 세대는 레코드나 CD 등 음악 패키지 소프트가 한참 판매되던 때였으니까 좋은 시대였다는 생각도 듭니다. 하지만 그런 것은 정말 일순간이고, 역사 교과서에 쓰인다면 몇 줄 정도 밖에 안 되는 짧은 시간입니다. 변화는 당연하고, 또 우리보다도 더 젊은 세대가 변화를 추진해가겠죠. 인터넷에서 살아가고 인터넷으로 음악을 듣는 사람들이 같은 사람들을 상대로 새로운 음악을 만들면 됩니다. 항상 시대에 따라 바뀌고, 그것을 즐길 수 있는 사람이 하면 되죠. 계속 사람은 바뀔 겁니다. 다만 변하지 않는 것은 '좋은 곡'이란 거죠. 좋은 스토리, 좋은 드라마도 바뀌지 않겠죠. 만드는 입장에선 하는 일이 달라지지 않을 겁니다. 비즈니스 방식이 바뀌거나 매체가 바뀌는 것 뿐이죠.

또, 우리 시대에는 인트로▶노래▶간주▶노래 식으로 어느 정도 정해진 작법이 있었거든요. 그런데 지금은 음악을 틱톡에서 15초 정도면 괜찮다는 식으로 생각하는 것 같아서요. 인트로도 필요 없고 기타 솔로도 필요 없고, 그냥 15초 중심 멜로디만 있으면 된다는 식으로 바뀐 것은 개인적으로는 슬프게 생각합니다. 또 요즘은 영상에서 빨리 감기로 보는 사람들이 늘어났는데, 그렇게 빨리 감기로 보면 우리 음악 만드는 사람들이 멋진 씬의 음악으로 멋진 곡을 고민고민해 만들었는데 그냥 휙 지나가게 되죠…. 그건 아쉽습니다만 그래도 그렇게 즐기는 사람들이 나왔다는 것 자체는 어

「마크로스7 LET'S FIRE!!」

「Walküre Attack!」

쩔 수가 없죠. 오히려 그렇게 즐기는 사람들이 앞으로 영상이나 음악을 만들어 가겠죠.

저도 이전까지 당연시되던 것들을 재미없게 느꼈으니까 새로운 것을 하려고 했던 것입니다. 마찬가지로 지금 저 같은 아저씨들이 하는 말도 지금 젊은이들한테는 낡았을테니, 새로운 것을 계속해 만들어가면 된다고 생각합니다. 우리 세대로선 CD가 팔리지 않는 게 아쉽지만, 그건 우리들의 문제일 뿐이고요. 젊은이들은 마음대로 자기가 하고 싶은 것을 하면 됩니다. 우리 아저씨들은 그런 젊은이들이 황당무계한 일을 할 수 있도록 돕는 것이 중요하다고 생각합니다.

〈마크로스〉 시리즈를 보는 한국 팬들에게

선: 1980년대부터 90년대, 2000년대를 지나 한국 대중 음악은, 때로는 아이돌, 때로는 밴드가 등장하고, TV로 음악을 듣거나 라디오, 음반 등 여러 매체를 통해 바뀌어 왔습니다. 인터넷이 일반화된 이후로는 세계 여러 나라에서 듣게 되었구요. 한국 음악에 대해서는 어떤 생각을 갖고 계신지요? 일본에서도 옛날에는 한국 음악을 많이 듣지 않았을 텐데, 요즘에는 일본에도 듣는 사람이 늘어났는데요.

사사키: 미국까지 석권한 것은 K팝이고, 일본 음악은 전혀 거기까지 도달하지 못했으니 대단한 일이라고 생각합니다. 영화도 마찬가지구요. 한국 영화나 음악은 뭐랄까, 알기 쉽다고 할까요. 화려하게 할 부분은 화려하게 가고, 매우 재미있게 만들었다고 봅니다. 그런 점에서 세계적으로도 인기를 얻은 것 아닌가 싶군요. 일본에서 세계로 나가고 있는 것은 애니메이션 뿐이고, 한국은 영화나 음악도 미국에서 인기가 있으니 일본도 배워야 할 부분이 있다고 봅니다.

또 제가 본 한도 내에서 말하자면, 한국 가수들은 목이 강한 것 같습니다. 한국 가수들은 일본에 진출할 때에도 굉장히 열심히 한달까요. 좋은 의미로 성장하려는 욕심이 있는 것 같습니다. 일본에서는 약간 삐딱한 자세로, 그런 게 쿨하지 못하다고 생각하는 사람도 많은 것 같거든요. 그런데 한국 아이돌이나 그룹은 일본에 오면 제대로 일본어를 공부한다든지, 그룹 전원이 합숙을 해서라도 노력하려는 등 아주 적극적으로 열심히 하는 태도는 일본인도 배울 필요가 있을 것 같습니다.

선: 말씀을 들으면서 〈마크로스〉 시리즈의 성공도 당시에는 황당무계했을 수 있는 일들을 열심히 했기 때문에 이룰 수 있었던 것 아닌가 하는데요. 한국 음악이 지금 만약 성공을 거두고 있다고 한다면, 말씀대로 그렇게 열심히 하는 젊은이들을 제대로 돕고 있기 때문이라고 할 수 있을 것 같습니다. 당시에 일본 애니메이션이 성공했던 것과도 결국은 같은 이유일지도 모르겠네요.

아까 말씀드렸지만 한국에는 〈마크로스〉 시리즈 팬이나 일본 애니 음악 팬도 많습니다. 한국의 〈마크로스〉 시리즈 음악 팬들, 특히 이제부터 〈마크로스〉 시리즈를 보려는 젊은 팬도 있을텐데 그런 분들에게 전하고 싶은 말이 있으시다면?

사사키: 애니 음악은 영상과 함께 만드는 것이니까요. 오프닝 곡

「극장판 마크로스F ~이별의 날개~ netabare album the end of "triangle"」

이나 엔딩 곡 자체는 본편 내용과 관련이 없을 수도 있지만, 〈마크로스〉 시리즈는 주인공이 가수이기도 하고 스토리와 음악이 밀접히 연결되어 있으므로, 영상을 보면서 음악을 들어주었으면 합니다. 음악만 들어서는 그렇게까지 감동하지 않을 수 있는 곡이더라도, 영상과 함께 보면 이렇게나 감동을 받을 수 있구나 하는 경우노 있습니다. 반대로 노래가 없으면 대단하지 않은 씬에도 음악이 들어가면서 큰 감동을 받는 경우도 있습니다. 그런 상승 효과가 있죠.

그러니 영상과 함께 음악을 들어주었으면 합니다. 그렇게 만들었기 때문에요. 카와모리 씨도 그런 생각으로 영상을 만들었고, 우리도 그런 영상에 맞춰서 더욱 감동할 수 있도록 음악을 만들었습니다. 그러니 꼭 함께 봐주었으면 합니다.

선: 마지막으로 〈마크로스〉 시리즈 음악을 소개하면서, 특정 한 곡이 아니더라도 좋으니 한국 팬들에게 추천할 만한 음악이나 작품이 있으시다면?

사사키: 하나만 고르기는 어려운데요. 각각 좋은 점이 있어서요. 다만 「극장판 마크로스 F~이별의 날개~(劇場版 マクロスF ~サヨナラノツバサ~)」는 꽤 재미있게 만들었던 기억이 납니다. 최초의 「TV판 마크로스」는 아직 영업시절 때였고, 「마크로스 Δ」는 후배 프로듀서한테 맡기는 형태여서 제가 깊이 관여했던 작품 기억이 많이 납니다.

선: 사사키 님이 참가한 작품 중에는 한국에서 음악에 대한 평가가 높은 작품이 많았습니다. 〈마크로스〉 시리즈는 물론이고 다른 작품들도 말이죠. 그래서 당시에 한국에서 그 작품들 OST 음반을 구매한 사람도 적지는 않습니다. 같이 작업하신 칸노 요코, 사카모토 마아야, 아라이 아키노(新居昭乃) 씨 등 많은 분들이 한국에서도 인기가 있었습니다. 그런 의미에서 〈마크로스〉 시리즈 팬만이 아니라 한국의 일본 애니송 팬들에게도 높은 평가를 받았다고 생각합니다. 그런 분들에게 한 말씀 부탁드릴 수 있을까요.

사사키: 곡을 듣고 좋은 곡이라고 말해주시는게 가장 기쁩니다. 저도 남이 만든 곡 중에 좋다고 생각하는 곡은 잔뜩 있으니까요. 마찬가지로 좋게 들어주셨다면 기쁩니다. 그리고 자기도 그런 곡을 만들고 싶거나 작곡이나 프로듀서가 되고 싶은 사람이 있다면, 그런 계기가 될 수 있다면 좋겠습니다. 사사키의 음악은 이젠 낡았어! 하면서 자기가 더 대단한 곡을 만들겠다고 한다면 기쁜 일

입니다.

선: 1990년대 음악이면 벌써 30년 이상 지났으니 낡았다고 할 수 있을지 모르겠습니다만, 지금도 새로 듣는 사람들이 있고, 그 사람들에게는 '지금'의 곡이니까요. 정말 오랫동안 좋은 곡을 만들어 주시고, 영상에 맞춰 우리가 즐길 수 있도록 해주신 점에 감사드립니다.

사사키: 감사합니다. 항상 '낡아지지 않도록'이란 생각은 해왔습니다. 왜냐하면 제가 좋아했던 음악도 20년, 30년이 지나도 전혀 낡아지지 않는 음악이었거든요. 그래도 물론 시대는 점점 바뀌어가지만요.

아무튼 K팝이 미국에 점점 더 진출하고 있는데, 일본 음악도 그렇게 되어야 한다고 생각하고 있습니다. 애니메이션 음악이 그 계기가 될 수 있다면 좋겠네요. 애니메이션 음악에도 여러 장르가 있지만, 옛날 미국에서 발생한 블루스가 하나의 음악 장르가 되었듯이 '애니송'도 그런 식으로 장르가 된다면 좋겠습니다. 그리고 하츠네 미쿠, 샤론 애플 같은 가상의 가수도 계속 나오고 있으니, 일본만이 아니라 시장은 세계라고 생각합니다. 전 세계 사람들이 즐길 수 있는 작품을 만들어야겠다는 생각은 항상 갖고 있습니다.

1980년대 한국에서 구할 수 있는 일본 음반은 일본 상품 전문 수입점에 수입되어 판매되는 상품 정도였다. 처음에는 엔카나 가요 등 일본에서 히트하는 음반 위주였다가, 1990년대 이후부터 점점 애니메이션 음반의 비중이 높아졌다. 소량 수입 판매 형식이라 가격도 상당히 비싸 일본 판매가의 약 2배 정도였다. 그때만 해도 학생층 중심이던 일본 애니 음반의 팬에게 상당히 비싸긴 했지만, 애니 본편의 소프트인 LD나 비디오테이프는 일본 판매가 자체가 더 비쌌기 때문에 한국 판매가는 그보다 훨씬 더 비싸서 구매가 어려웠다. 그나마 CD는 구매가 가능했지만, 그래도 가격 때문에 가능한 한 자신이 가장 좋아하는 음반을 골라서 한두 장 사는 정도일 수밖에 없었다. 그러니 작품 수준도 높아야하고, 음악의 퀄리티도 좋아야 구매했던 것이다. 그런 음반이 바로 〈마크로스〉 시리즈 CD였다. 한국에서 일본 CD가 정식 CD 매장에서 판매되기 시작한 것은 한참 나중의 일이다. 정식 일본 음반 수입이 가능해진 초기에도 당시 그런 음반을 좋아하던 팬들의 취향이 반영된 흐름이 있었다.

이후 일본음악저작권협회와 한국음악저작권협회가 제휴하면서 일본 음악 사용이 쉬워졌는데, 그런 1990년대 중후반의 애니메이션 송이 한국 TV에서 배경음악으로 사용되는 경우가 많이 늘어났다. 「천공의 에스카플로네」, 「카우보이 비밥」, 「카드캡터 사쿠라」 등… 당시에 애니 음악을 들었던 사람들이 TV에서 음악 담당자를 맡은 경우가 많아졌기 때문일 것이다. 그러다보니 애니 팬이 아니더라도 애니 음악 자체를 들어본 시청자가 굉장히 많아졌다. 칸노 요코의 라이브가 그렇게 큰 규모로 한국에서 열릴 수 있었던 것도, 칸노 요코의 음악을 애니 팬만이 아니라 훨씬 더 넓은 범위의 사람들이 듣고 있었기 때문일 것이다.

＜마크로스＞ 시리즈별
캐릭터 및 메카닉 설정 소개

린 민메이

제1차 성간전쟁에서 통합군을 승리로 이끈
전설의 가수. 전쟁이 끝나고 2년 뒤인 2012
년, 마크로스 시티에서 고별 콘서트를 연다.

「초시공요새 마크
로스 Flash Back
2012」 작품은 이
쪽에서 감상하실
수 있습니다.

하야세 미사

첫 번째 메가로드급 이민선 SDF-2 메가로드-01의 함장. 히카루, 민메이와 함께 첫 번째 초장거리 이민선단에 참가해 지구를 떠난다.

이치죠 히카루

첫 번째 메가로드급 이민선 SDF-2 메가로드-01의 편대장. VF-4의 파일럿이다.

칸자키 히비키

성우 : 타카야마 츠토무 タカヤマツトム

SNN(Scramble News Network) TV국 소속 연예계 리포터. 디렉터 마츠이와 함께 일할 때가 많다. 특종이라면 근거 없는 보도도 서슴치 않다가 전장 리포터 데니스와 함께 전장 취재에서 진정한 보도란 무엇인가를 깨닫게 된다. 마르두크와의 전쟁의 진실을 세상에 전하려 활동한다.

이슈타르

성우 : 카사하라 히로코
笠原弘子

페프 휘하의 마르두크의 노래하는 무녀(이뮬레이터). 젠트라디의 전의를 노래로 무리하게 고양시키는 역할을 했다. 전투에서 히비키에게 구조되어 지구의 문화를 접하며 마르두크에 전승되는 전설의 존재 '아루스의 방주'를 지구의 노래에서 느끼고, 독재자 잉구스에게서 마르두크를 해방하려고 한다.

---

*민메이 어택

노래로 젠트라디의 동요를 유도해 공격하는 '민메이 어택'은 '오퍼레이션 민메이[민메이 디펜스]'로 시스템화 되어 젠트라디에 대한 전술이 확립되었다. 지휘소가 되는 사운드 스테이션 룸에는 '민메이 어택' 용 노래가 준비되어 있고, 전장에 전개되는 복수의 3D영상 포드에서 가수의 영상과 노래와 함께 나오는 구조로 되어 있다.

실비 지나

성우 : 토마 유미 冬馬由美

지구 통합군의 천재 에이스 파일럿으로 승부욕이 강하다. 군 문제를 논의하던 함대 사령관 엑세그란과의 밀회를 하비키가 특종으로 내자 그를 혐오하며 행동을 주시하게 된다. 그 과정에서 히비키가 보도에 대해 진지하게 대하는 모습을 보고 이후 히비키의 편이 되어간다. 할머니는 멜트란이며, 젠트라디를 세뇌해 조종하는 마르두크에 분노를 느낀다

매슈

성우 : 쿠사오 타케시
草尾毅

에스테틱 살롱의
오너로 히비키의
친구.

페어리 리더 부대
실비에 필적하는 실력을 지닌 3명의 파일럿이다.

에이미 록 (왼쪽)

성우 : 코우다 마리코
国府田マリ子

쿠죠 사오리 (가운데)

성우 : 하라 아야
原亜弥

나스타샤 토트 (오른쪽)

성우 : 히키타 유미
引田有美

넥스 길버트

성우 : 시마다 빈
島田敏

지구 통합군의 에이스 파
일럿. 나르시스트 기질로
실비에게 호감을 가지는
한편, 현실적인 사고방식
의 소유자이기도 하다.
마르두크 군과의 결전에
서 엑세그란의 지시에 따
라 우주전함 마크로스 캐
논을 운용한다.

지구 통합군

2090년, 지구 통합군은 내부 부패의 확대로 힘을 잃어가고
있었다. 함대사령관 엑세그란은 군 부패를 고민하는 고결한
군인으로 실비에게 이해를 보였지만, 실비와의 회합이 히비
키에 의해 보도되어 버리고 만다. 마르두크와의 최종 결전에
서 마크로스의 주포로 적 모함을 공격하라고 실비에게 명령
한다. 또 통합군의 기함 글로리아의 함장인 발제는 최후까지
마르두크를 저지하기 위해 함과 운명을 함께 한다.

마르두크

지구를 습격한 의문의 외계인 종족. 노래
하는 무녀[이뮬레이터]의 '전투의 노래'로
제어되는 젠트라디와 멜트란디를 전투용
도구로 이용한다. 독재자 잉구스가 절대
적인 힘으로 군림하며, 자신들의 문화야
말로 최고라고 여기고 접촉하는 다른 문
화를 모두 파괴한다.

페프

성우 : 후루야 토오루 古谷徹

마르두크 사령관 중 한 명으
로 지구인을 무시한다. 노래
하는 무녀인 이슈타르에게
집착한다. 전투로 행방불명
이 된 이슈타르를 찾다가 통
합군이 개최하는 문 페스티
벌에서 탈환에 성공한다. 하
지만 지구의 문화에 물든 이
슈탈이 제재받자 그녀를 지
구로 도망가게 하고 아군까
지 멸망시키려는 잉구스에게
반기를 든다.

에린셰

성우 : 마시나 쥰코
麻志奈純子

마르두크의 노래하는 무
녀들의 지도자. 기함
사흐라이드에서 다
른 문화에 오염된
노래하는 무녀
의 재교육을
맡고 있다.

MACROSS PLUS

이사무 다이슨

성우 : 야마자키 타쿠미 山崎たくみ

YF-19의 테스트 파일럿. 조종 기술이 뛰어나고, 순수하게 파일럿 실력을 추구하다 군 규정을 위반해 뉴 에드워즈 기지의 실험 평가 부대로 전출되어 고향인 에덴 행성으로 돌아온다. 그곳에서 옛 친구인 걸드, 뮹과 재회한다. 유쾌하고 속박을 싫어하는 성격이지만, 친구를 배려하는 섬세한 마음도 지니고 있다.

고등학생 시절

걸드 고어 보먼

성우 : 이시즈카 운쇼 石塚運昇

YF-21의 개발주임 겸 테스트 파일럿. 지구인과 젠트라디의 하프로 이사무와 뮹과는 소꿉친구. 7년전 사건으로 이사무를 혐오하며, 뮹과의 재회를 계기로 그녀에 대한 감정을 다시 불태운다. 지적이고 냉정하고 침착하지만, 특수한 약으로 젠트라디 특유의 호전성을 컨트롤한다.

고등학생 시절

고등학생 시절

뮹 판 론
성우 : 후카미 리카
深見梨加

샤론 애플의 프로듀서. 이사무와 걸드의 소꿉
친구. 학생시절 가수를 꿈꾸던 학원제의 아이
돌이었다. 샤론의 투어로 고향 에덴을 방문해
두 소꿉친구와 재회한다. 미완성인 샤론의 감
정 프로그램을 보좌하는 존재이기도 해서, 이
사무에 대한 감정이 샤론에게 중대한 영향을
미치게 된다.

샤론 애플
성우 : 효도 마코 兵藤まこ

인기 버츄얼 아이돌. 인공지능으로 모습과 노래소리를 천
차만별로 변화한다. 하지만 감정회로가 미완성이라 뮹을
통해 감정을 보완하고 있다. 갤럭시 콘서트 투어의 에덴 공
연에서 뮹이 이사무를 목격하게 되자 이사무에게 흥미를
갖게 된다. 불법 바이오뉴로칩이 몰래 장착되어 마크로스
시티의 사람들을 최면상태에 빠지게 하고, 시티를 탈취하
는 사건을 일으킨다.

마지 그루도아
성우 : 하야미 쇼
速水奨

샤론의 시스템 개발기
술 책임자. 불법 바이오
뉴로칩으로 샤론의 자
아 발현을 촉진시켰다.

루시 맥밀런

성우 : 하야시바라 메구미 林原めぐみ

YF-19 개발팀의 통신관제관. 처음엔 이사무의 성격에 놀랐지만 점점 그의 사람됨에 끌리게 된다.

얀 노이먼

성우 : 니시무라 토모히로 西村朋紘

YF-19의 설계 주임. 17세의 천재로 해커로서도 뛰어나다. 샤론의 팬으로 콘서트 중에 해킹을 시도한 적도 있다. 이사무와는 의견충돌도 많지만 서로 신뢰하는 사이이다.

레이몬드 마리

성우 : 긴가 반죠 銀河万丈

샤론이 소속된 사무소의 사장.

밀러드 존슨

성우 : 우츠미 켄지 内海賢二

뉴 에드워즈 기지 사령관. 슈퍼노바의 책임자이기도 하다. 유인전투기 개발에 집착이 있다. 왼발이 의족이다.

샤론의 비밀

공식발표와는 달리 샤론의 인공지능은 미완성으로 프로듀서 겸 투어의 총지휘를 담당하는 뮹이 감정 프로그램의 보좌를 맡고 있다. 한편 샤론에 집착하는 마지는 무인전투기 개발을 추진하는 군 상층부와 손을 잡고 인공지능의 완성을 노리고 있다. 그 사실을 알게된 레이몬드는 불법 칩을 회수하려 하지만 광기에 휩싸인 마지에 의해 사살된다.

슈퍼 노바 계획

AD 2040년, 당시 주력 가변 전투기로 운용중인 VF-11 썬더볼트의 노후화로 인해 통합군은 차세대 가변전투기의 필요성을 느끼고, 차기 주력 가변전투기 개발 프로젝트를 진행한다. 에덴 행성의 뉴 에드워즈 기지에서 진행되고, 신세이 인더스트리사의 YF-19와 제네럴 갤럭시사의 YF-21이 경합한다.

MACROS 7

넥키 바사라

성우 : 칸나 노부토시 神奈延年
노래 : 후쿠야마 요시키 福山芳樹

락밴드 "Fire Bomber"의 메인보컬 겸 기타. 전인미답의 자유인으로 모든 정열을 노래에 쏟아붙는다. 바로타 군과의 전투에 진홍빛 발키리 "VF-19 카이"를 몰고 난입해, 적과 아군에 상관없이 노래를 부른다. 민메이 흉내라고 바보 취급받지만, 적인 프로토데빌룬에게도 효과가 있음이 판명되어 노래의 힘을 체현하여 전설의 록커가 된다.

바사라의 노래

바사라의 노래는 다양한 사람과 인연을 맺는다. 극장판 「은하가 나를 부른다!」에서는 밀레느의 언니와 듀엣. 수수께끼의 노래 에너지를 탐지한 변경 행성에서는 주민들이 설산에서 울려퍼지는 저주의 소리에 겁먹고 있었다. 하지만 그것은 에밀리아의 노래 소리였고, 바사라는 같이 노래 에너지를 추구해온 카빌 등과 조우해 두 사람의 듀엣으로 격퇴에 성공한다. OVA 「다이너마이트 7」에서는 가수였던 어머니를 동경해 자기도 가수가 되겠다는 밝은 소녀 엘마와도 만난다.

밀레느 플레어 지너스

성우:사쿠라이 토모 桜井智
가수: 치에 카지우라 チエカジウラ

Fire Bomber의 보컬 겸 베이스. 배틀7의 선장인 맥스와 시티7의 시장 밀리아의 막내딸. 14세로 가출하여 밴드활동을 시작한다. 적에게 노래하는 바사라의 기상천외한 행동에 눈썹을 찌푸리지만, 밴드 동료로서 노래에 대한 열정은 인정한다. 차차 노래에 관한 바사라의 사상에 이해가 깊어져 옆에서 함께 노래를 부르게 된다.

레이 러브락

성우 : 스가와라 마사시
菅原正志

Fire Bomber의 리더 겸 키보드. 바사라를 이해해주며 그의 뒷바라지를 해준다. 전 통합군의 엘리트 파일럿.

비히다 피즈

성우 : 타카노 우라라 高乃麗

Fire Bomber의 드럼. 순수 젠트라디 여성으로 과묵한 성격. 항상 드럼 스틱을 손에 쥐고 있다.

맥시밀리언 지너스

성우 : 하야미 쇼 速水奬

마크로스 7선단의 함대사령. 스텔스 공격 우주항모 배틀7의 함장. 1차 성간전쟁에서 활약했던 천재 파일럿. 젊을 적 그대로인 것은 거인화한 영향이라고 한다. 젊을 적과는 달리 연령에 맞는 침착함과 사령관으로서의 위엄을 보여준다. 막내딸인 밀레느를 걱정하는 아버지이기도 하다. 파일럿 실력도 떨어지지 않아서 최전선에서 싸울 경우도 있다.

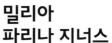

밀리아 파리나 지너스

성우 : 타케다 에리 竹田えり

마크로스 7선단의 거대도시형 거주함 시티7의 시장. 1차 성간전쟁 때 맥스와 결혼해 지구 인류와 공존의 길을 택한다. 젠트라디로 문화를 모를 때와는 달리 인간 사회에 적응한 정치가가 되었다. 여전히 혈기왕성하여 시티7에서 유고시 솔선해 발키리로 싸운다. 시민을 우선으로 생각하고 있으며, 군인인 맥스와 충돌하는 경우가 많다.

배틀7의 함장과 시장

초장거리 이민선단 마크로스7에는 성간결혼을 이룬 맥스와 밀리아가 타고 있었는데, 두 부부 사이는 차갑게 식어있었다. 군과 민간인 대표라는 입장에서 충돌이 늘어 사이는 악화하기에 이르렀다. 하지만 막내딸 밀레느의 생각과 바로타 전역이라는 위기가 두 사람의 관계를 되돌리는 계기가 되었다.

감린 키자키

성우 : 코야스 타케히토 子安武人

통합군 엘리트 부대 "다이아몬드 포스"의 파일럿. 타고난 군인으로 싸움을 혼란하게 하는 바사라를 싫어한다. 하지만 프로토데빌 룬을 바사라가 쫓아버리자 노래의 힘을 인정하게 되고, 결국 신념으로 노래를 계속하는 바사라의 좋은 이해자가 된다.

시빌

성우 : 나카가와 아키코 中川亜紀子

최초의 지성체 "프로토컬쳐"를 멸망시켰다는 프로토데빌룬의 한 명. 바사라의 노래를 듣고 과거에 자신들을 봉인했던 "아니마 스피리쳐"로 생각해 관심을 갖는다. 이후 노래에 반발하면서도 끌리는 상반된 감각에 당황해하며, 그 정체를 확인하기 위해 바사라와 접촉을 계속한다. 그리고 결국에는 바사라를 받아들여 그에게 힘을 빌려주게 된다.

기길

성우 : 니시무라 토모히로 西村朋紘

바로타 군의 지휘관. 인간에게 빙의한 프로토데빌룬으로 호전적인 기질이다. 시빌에 대한 애정이 있어서 그녀를 위해 행동한다.

이와노 게페르니치

성우 : 이노우에 요우 井上瑤

바로타 군 총사령관. 인간에게 빙의한 프로토데빌룬. 스피리쳐를 얻기 위해 마크로스7 선단을 집요하게 노리게 된다.

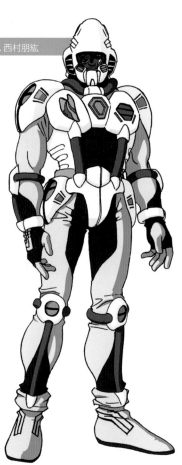

바로타 군과 프로토데빌룬

바로타 군은 봉인에서 깨어난 프로토데 빌룬이 스피리쳐 수집을 위해 조직한 군대이다. 은하에 최초의 문명을 구축했다는 프로토컬쳐가 만든 생체병기로 별개 차원의 지성체가 유입해 생겨난 존재가 프로토데빌룬이다. 생체 에너지인 스피리쳐를 스스로 만들어내지 못해 다른 생물로부터 흡수해 살아가야 한다.

劇場版
マクロス7
MACROSS

銀河がオレを呼んでいる！

에밀리아 지너스

성우 : 네야 미치코 根谷美智子

지너스 가문의 다섯째 딸, 밀레느의 언니. 변방 행성에 살며 거인화한 채 노래 수행을 하고 있다. 민메이를 동경하고 있다.

マクロス7
ダイナマイト

엘마 호이리

성우 : 사카구치 아야 阪口あや

조라인 소녀. 돌아가신 엄마와 같은 가수가 되고 싶어한다. 조라 행성에 우연히 방문한 바사라에게 제자로 받아달라고 조른다.

MACROSS ZERO

マクロス ゼロ

사라 놈

성우 : 코바야시 사나에 小林沙苗

"바람의 인도자"라 불리는 바람의 무녀 일족으로 태어 난 마얀 섬의 소녀. 근대화 에 부정적이며 "외부인"을 싫어한다. 그 때문에 신과는 서로 충돌하지만 점차 그에 게 끌리게 된다.

쿠도 신

성우 : 스즈무라 켄이치 鈴村健一

지구 통합군 전투기 파일럿. 통합전쟁에서 가족을 잃었다. 그 때문에 군인이면서도 군 조직에 물들지 않고, 마음을 걸어 잠그고 있 다. 반통합 동맹의 신형기에게 격추당해 남 해의 고도 "마얀 섬"에 불시착한다. 사라를 비롯한 섬사람들과 생활하면서 굳어있던 마음이 치유받게 된다.

마오 놈

성우 : 난리 유카 南里侑香

마얀 섬에 사는 건강한 소녀. 사라 의 동생으로 언니와는 달리 근대적 인 생활을 꿈꾸고 있다. 그 때문에 바깥 세상을 아는 신에게 동경에 가 까운 옅은 사랑의 감정을 품는다.

로이 포커

성우 : 카미야 아키라 神谷明

지구 통합군의 에이스 파일럿. 술과 여자를 사 랑하는, 겉보기에는 경 박한 성격이지만 스컬 소대의 리더로서 신인 육성에도 힘쓰고 있다.

에드가 라살

성우 : 코모리 소스케 小森創介

밝은 성격을 지닌 신의 버디로 몇 안되는 신의 친구이다. 후부 좌석에서 레이더 관제를 맡고 있다.

아리에스 터너

성우 : 신도 나오미
進藤尚美

문화인류학자. 통합군 특무 부대와 동행하여 '새인간(에 이포스)'을 연구한다. 포커의 학생시절 선배.

누툭

성우 : 오오키 타미오 大木民夫

마얀 섬 장로. 섬의 전승을 잇고 있다.

D.D 이바노프

성우 : 오오토모 류자부로

大友龍三郎

반통합 동맹의 에 이스 파일럿. 통합 군에서 초기 가변 전투기 테스트 파 일럿 경험이 있어 포커의 교관이기 도 했다.

노라 폴랸스키

성우 : 타카야마 미나미

高山みなみ

반통합 동맹의 여 성 파일럿. 남자 같은 말투에 가혹 한 성격이다. 과거 가족을 학살한 통 합군에게 깊은 원 한을 품고 있다. Sv-51γ으로 신을 두 번이나 격추시 킨다.

통합전쟁

1999년, 지구에 외계인의 거대전 함이 떨어진 일을 계기로 지구에서 는 다가올 외계인과의 교섭과 전투 에 대비해 지구통합정부 및 통합군 이 설립된다. 하지만 그에 반대하 는 반통합 동맹의 활동이 활발해 2001년에 통합전쟁에 돌입했다.

닥터 하스포드

성우 : 노자와 나치 野沢那智

'인류 프로토컬쳐 간섭 가설'의 제창자로 아리에스의 스승이다. 반통합 동맹에 협력하고 있다.

IPTV/OTT에서 호평 서비스중!

사오토메 알토

성우 : 나카무라 유이치 中村悠一

마크로스 프론티어 선단의 미호시 학원 고등부 항공우주과 파일럿 양성코스 2학년생. 가부키 명가 출신이지만 하늘에 대한 동경을 버리지 못해 아버지 란조와 결별한다. 바즈라 습격 당시 우연히 VF-25F에 탔던 것을 계기로 민간 군사 기업 S.M.S에 입대해 전투에 발을 들여놓게 된다. 같은 시기에 만난 란카와 셰릴에게 휘둘리는 일상을 지낸다. 미하엘에게 "알토 공주"라고 놀림당하는 것을 질색한다.

마크로스 프론티어 선단

신마크로스급 25번째 대형 이민 선단. 100만명 규모의 선단인 마크로스7 선단에 비해 프론티어 선단은 1000만명의 대규모 선단이다. 규모 뿐만 아니라 선단을 구성하는 함도 다양해서, 그 중 아일랜드3는 젠트라디가 거인인 채로 돌아다닐 수 있고, '포르모 쇼핑몰'은 거인과 마이크론이 함께 생활할 수 있도록 지어졌다.

셰릴 놈

성우 : 엔도 아야 遠藤綾
노래: May'n

마크로스 갤럭시 선단 출신의 탑 아티스트. 은하차트 17주 연속 1위의 기록의 소유자로 미모와 압도적 가창력으로 '은하의 요정'이라고 불리운다. 은하횡단 투어로 프론티어 선단을 방문했을 때 바즈라의 습격에 휘말리고, 거기에서 만난 알토와 란카를 마음에 들어하며 교류를 갖게 된다. 자신만만한 성격 탓에 주위의 반감을 사기도 하지만 내면엔 약한 면도 있다. 「마크로스 제로」에 등장하는 마오 놈의 손녀이다.

란카 리

성우/노래: 나카지마 메구미
中島愛

셰릴을 동경하는 천진난만한 소녀. 중화요리점 '초시 공반점 냥냥'에서 아르바이트를 하고 있다. 내성적인 성격이지만 알토와 셰릴과 만나며 아이돌을 꿈꾼다. 영화 「BIRD HUMAN-새인간」의 마오 놈역으로 인기를 얻고 스타덤에 올라 '초시공 신데렐라'로 불리우게 된다. 그녀의 노래가 바즈라에게 영향을 끼친다는 것이 판명되자 프론티어 선단의 대스타가 된다.

캐서린 글라스
성우 : 코바야시 사나에
小林沙苗

신통합군 참모본부 소속 중위. 하워드 글라스 대통령의 딸로 오즈마의 옛 연인이다. 완고하고 융통성이 없을 때도 있다. 애칭은 캐시.

오즈마 리
성우 : 코니시 카츠유키
小西克幸

S.M.S 스컬 소대의 대장. 임무와 전투에는 엄격하지만 의붓동생인 란카를 무척 아낀다. 예전 란카가 있던 조사선단의 호위부대에 있던 것이 인연으로 란카를 맡았다. Fire Bomber의 팬.

제프리 와일더
성우 : 오오카와 토오루
大川透

S.M.S의 전함 마크로스 쿼터의 함장. 신통합군 파일럿 출신. 얼굴에 큰 상처가 특징이며, 부하에 대한 배려심 있는 인물.

미하엘 블랑
성우 : 카미야 히로시 神谷浩史

애칭은 "미셀". 미호시 학원에 다니는 알토의 동급생. S.M.S 스컬소대 소속 스나이퍼. 우주항공과 1등으로 2등인 알토와 라이벌 겸 친구이다. 바람둥이 기질을 보이지만 누나가 군에서의 일로 자살한 무거운 과거를 지니고 있다. 조라인의 피가 섞여 있다. 클란 클랑과는 소꿉친구.

바비 마르고
성우 : 미야케 켄타
三宅健太

루카 안젤로니
성우 : 후쿠야마 준 福山潤

알토와 미하엘의 후배지만 비행에서는 두 사람과 같은 클래스에 들어가는 수재. S.M.S 스컬소대 소속. 통합기기 메카 L.A.I 기연의 장남으로 컴퓨터와 전자기기를 잘 다룬다. 란카의 친구인 나나세를 짝사랑한다.

마크로스 쿼터의 조타수. 남성이지만 여성적인 행동을 보여준다. 메이크업 아티스트 출신으로, 데뷔한 란카에게 메이크업을 해주기도 한다.

카나리아 베르슈타인

성우 : 쿠와시마 호우코
桑島法子

스컬 소대 소속 중위. 평소에는 위생병이지만 전투시에는 VB-6 쾨니히 몬스터 파일럿이 된다.

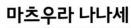

클란 클랑

성우 : 토요구치 메구미
豊口めぐみ

S.M.S 픽시 소대의 대장이자 젠트라디. 마이크론화 하면 어린애로 변해버리는 특이체질의 소유자로 이를 소꿉친구인 미하엘이 자주 놀린다. 미하엘을 좋아하지만 그 마음을 전하지 못하고 있다.

마츠우라 나나세

성우 : 쿠와시마 호우코
桑島法子

미호시 학원 미술과 2학년 학생으로 란카의 아르바이트 동료. 내성적인 성격이지만 란카의 일을 적극 응원한다. 루카가 짝사랑하고 있지만 본인은 눈치채지 못하고 있다.

레온 미시마

성우 : 스기타 토모카즈
杉田智和

신통합군 파견 군인으로 프론티어 선단 대통령 수석보좌관. 바즈라에 관한 정보규제와 여러 은폐공작 등을 행했다.

브레라 스턴

성우 : 호시 소이치로
保志総一朗

마크로스 갤럭시 선단 소속 안타레스 소대 소위. 제117차 대규모 조사선단의 생존자로 갤럭시 선단에게 구조된다. 하지만 전신을 임플랜트화 하여 기억을 잃었다. 과묵하지만 란카의 일에는 감정을 드러낸다.

그레이스 오코너

성우 : 이노우에 키쿠코
井上喜久子

셰릴의 매니저. 마오 놈 일행과 함께 바즈라를 조사하던 연구자로 갤럭시 선단의 음모로 암약한다.

프레이아 비온

성우 : 스즈키 미노리 鈴木みのり

윈더미어인 소녀. 천진난만한 성격으로, 마을에서 억지로 시키려는 결혼이 싫어 고향을 떠나 가출, 꿈꿔오던 왈큐레의 멤버가 되려고 오디션이 있는 라그나로 간다. 알 쟈할 행성에서 하야토와 만났을 때 바르 신드롬 소동에 휘말리게 된다. 이때 왈큐레와 함께 노래를 부르게 되고, 고대하던 5번째 멤버가 되지만 데뷔 당일 고향 윈더미어 왕국은 신통합정부에 선전포고를 한다. 사람들을 구하기 위해 왈큐레의 일원으로 지낸다. 콘서트시의 구호는 "노래는 기운!"

미쿠모 기느메르

성우 : 코시미즈 아이 小清水亜美 / **노래: JUNNA**

왈큐레의 에이스 보컬로, 모든 것이 수수께끼에 싸인 신비스러운 미인. 노래 소리에 포함된 생체 폴드파의 힘은 왈큐레 멤버 중에서도 톱클래스. 신체능력도 뛰어나서 비행중인 가변전투기 위에 와이어를 붙잡고 서서 노래부를 수 있다. 콘서트시의 구호는 "노래는 신비!"

마키나 나카지마

성우 : 니시다 노조미 西田望見

왈큐레의 메카닉 담당. 귀여운 것에 사족을 못쓰며, 레이나와는 자매처럼 사이가 좋다. 콘서트시의 구호는 "노래는 희망!"

카나메 버캐니어

성우 : 야스노 키요노 安野希世乃

왈큐레의 리더이자 큰언니 같은 존재. 솔로 활동을 은퇴한 후 케이오스 음악부문에 매니저로 취직했으나 폴드 인자 수용체 수치가 높아 왈큐레의 창설 멤버가 된다. 콘서트시의 구호는 "노래는 생명!"

레이나 프라울러

성우 : 토야마 나오 東山奈央

왈큐레의 전자전 담당. 톱클래스의 해커. 과묵하고 감정을 잘 드러내지 않지만 독설가이기도 하다. 콘서트시의 구호는 "노래는 사랑!"

하야테 임멜만
성우 : 우치다 유우마　内田雄馬

꿈을 찾아 은하를 여행하며 살아
온 소년. 자유로운 성격으로 마치
춤을 추는 듯한 리듬감으로 조종
을 한다. 바르 신드롬 소동에서 만
난 프레이아를 도우려 우연히 발
키리를 탔다가 델타소대에 들어온
다. 윈더미어와의 전쟁에서는 자
유롭게 하늘을 날고 싶어 전투에
참가한다. 어린 프레이아에게 지
구의 노래를 가르쳐준 사람이 하
야테의 아버지 라이트이다.

미라쥬 파리나 지너스
성우 : 세토 아사미　瀬戸麻沙美

델타 소대 소속. 매뉴얼 우선의 진지
한 성격. 신통합군 파일럿이었지만
아라드 대장에게 스카웃되어 케이오
스에 들어온다. 하야테의 훈련교관
으로 명령받은 이후 서로 충돌하면
서 성장해간다. '지너스 가문'에 대한
남들의 기대에 중압감을 느껴 비행
을 즐기지 못하다가 하야테를 보고
자신도 비행을 좋아했음을 기억해낸
다.

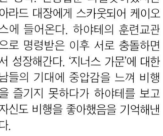

아라드 묄더스
성우 : 모리카와 토시유키
森川智之

△소대의 대장으로 믿음직한
리더적인 존재. 미라쥬와 하야
테를 △소대에 영입하는 등, 솜
씨있는 파일럿들을 직접 스카
우트 한다.

멧서 일레펠트
성우 : 우치야먀 코우키
内山昂輝

델타소대의 에이스 파일럿.
대단히 냉정하고 침착한 성
격을 지니고 있다. 바르화
와 카나메가 연결된 과거를
지니고 있다.

척 머스탱
성우 : 카와다 신지
川田紳司

△소대의 전자전과 정찰 담
당. 라그나 행성 출신 라그
나인으로 평소에는 가족과
함께 음식점 「라그냥냥」을
같이 운영해간다.

왈큐레와 델타 소대
성간복합 기업체 케이오스의 정보 예능 부문에는 전술음악
유닛 왈큐레, 군사 기업 부문에는 델타 소대가 소속되어 있다.
왈큐레는 바르 신드롬을 노래로 진압하기 위해 설립되어, 멤
버 전원이 폴드 인자 수용체(리셉터)의 소유자이고, 노래 소
리에 섞인 폴드파 성분이 바르 신드롬 진정화를 일으킨다. 왈
큐레 호위와 라이브 퍼포먼스를 맡은 것이 델타 소대로 최신
예 기종인 VF-31을 운용한다.

키스 에어로 윈더미어
성우 : 키무라 료헤이
木村良平

윈더미어 왕국 공중기사단의 리더. 대대로 에이스 파일럿이 받는 '백기사' 칭호의 계승자이다. 기사도 정신으로 일관하며 강적과의 싸움을 구해 전장에 선다. 왕가 후궁의 아들로 하인츠의 배다른 형제이다. 결정화 증상이 진척된 하인츠에게 형으로서 배려하는 모습도 보인다. 로이드와는 기사학교 시절부터 친구 사이이다.

로이드 브렘
성우 : 이시카와 카이토
石川界人

윈더미어 왕국 공중기사의 지휘자 겸 재상. 프로토컬쳐 유적을 관리하는 신관 집안 출신으로 전쟁의 골자가 되는 바르 신드롬과 하인츠의 "바람의 노래"에 의한 컨트롤, 프로토컬쳐 유적의 이용 등을 계획한 지략가이다. 키스와는 기사학교 시절부터 친구이다.

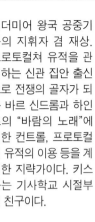

> **윈더이머 왕국과 공중기사단**
>
> 윈더미어 왕국은 브리징가르 구상성단의 행성 윈더미어 IV를 주성으로 하는 독립 소국가이다. 거기에 살고 있는 윈더미어인은 머리에 룬이라 불리는 감각기관이 있고, 뛰어난 신체능력을 지니고 있다. 그 때문인지 수명은 30~35세 정도. 가변전투기 부대인 공중기사단을 지니고 있다. 7년 전에 불평등조약의 시정과 독립을 요구해 신통합정부와 윈더미아 간에 제1차 독립전쟁이 발발한다. 8개월간의 전투 끝에 차원병기가 사용되어 사실상 정전 상태가 되었다.

Yami_Q_ray
헤임달이 만든 버츄얼로이드 유닛.
야미쿠모를 중심으로 5명의 노랫소리가 상승효과를 일으켜
강력한 생체폴드파를 발생시킨다.

야미 카나메
성우/노래 : 야스노 키요노
安野希世乃

야미 레이나
성우/노래 : 토야마 나오
東山奈央

야미 프레이아
성우/노래 : 스즈키 미노리
鈴木みのり

야미쿠모
성우 : 코시미즈 아이 小清水亜美 / **노래: JUNNA**

야미 마키나
성우/노래 : 니시다 노조미
西田望見

샤론 애플형 양자 AI 시스템의 발전형 버츄얼로이드.
바이오 뉴로칩 대신 "별의 가수"의 세포가 사용되었다.

VF-4 라이트닝 III

VF-4는 우주공간에서의 기동성을 우선적으로 고려해 개발되었으며, 추진제 증량을 위한 3동체 구조가 특징이다. 장거리 미사일과 대형 빔포가 표준 장착되어 무장 적재 능력도 향상된 2020년대 통합군의 주력 가변전투기.

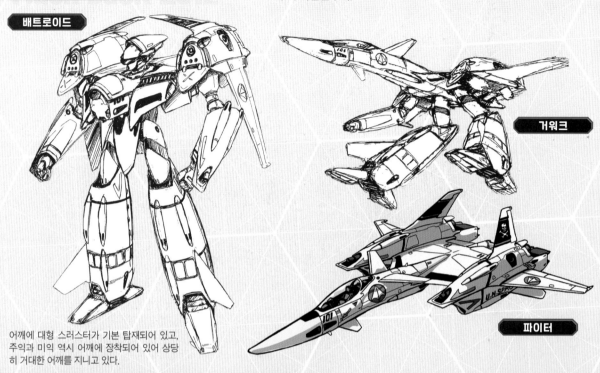

배트로이드

거워크

파이터

어깨에 대형 스러스터가 기본 탑재되어 있고, 주익과 미익 역시 어깨에 장착되어 있어 상당히 거대한 어깨를 지니고 있다.

VF-2SS

2060년부터 개발하여 2082년에 배치가 시작된 통합군의 주력전투기. 「마크로스」 연표상으로는 가장 마지막 발키리에 해당된다. 레이저 기총과 건포트 외 다른 무장이 없고 미사일도 장비하지 않아, 이 두 가지 무장을 활용한 도그파이트 능력이 요구되는 특이한 설계이다.

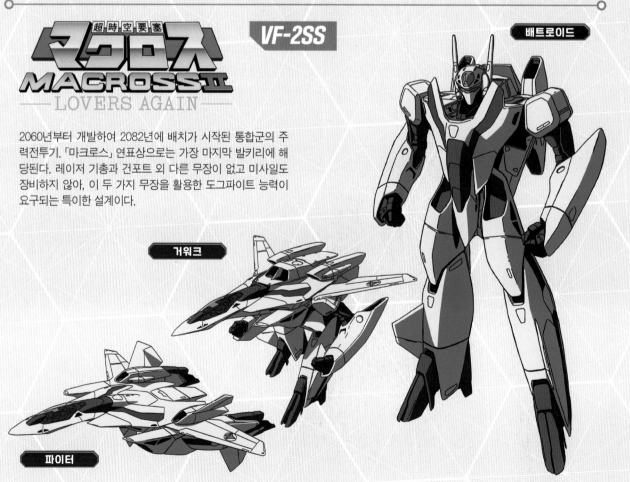

배트로이드

거워크

파이터

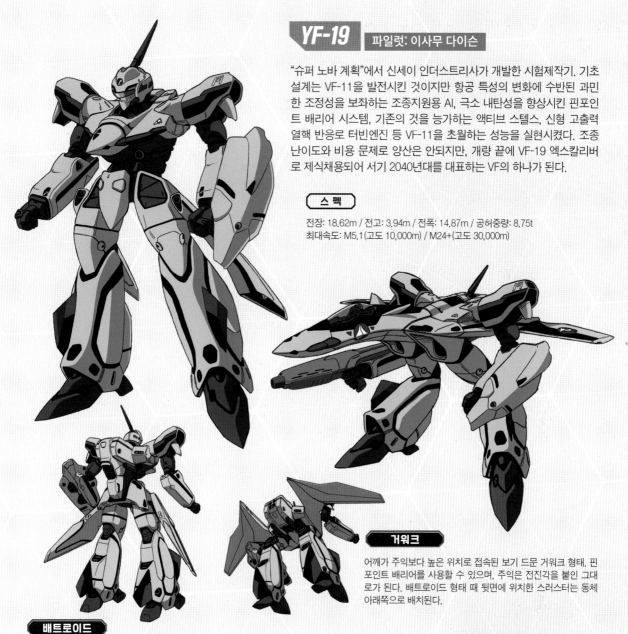

YF-19 파일럿: 이사무 다이슨

"슈퍼 노바 계획"에서 신세이 인더스트리사가 개발한 시험제작기. 기초설계는 VF-11을 발전시킨 것이지만 항공 특성의 변화에 수반된 과민한 조정성을 보좌하는 조종지원용 AI, 극소 내탄성을 향상시킨 핀포인트 배리어 시스템, 기존의 것을 능가하는 액티브 스텔스, 신형 고출력 열핵 반응로 터빈엔진 등 VF-11을 초월하는 성능을 실현시켰다. 조종 난이도와 비용 문제로 양산은 안되지만, 개량 끝에 VF-19 엑스칼리버로 제식채용되어 서기 2040년대를 대표하는 VF의 하나가 된다.

스 펙

전장: 18.62m / 전고: 3.94m / 전폭: 14.87m / 공허중량: 8.75t
최대속도: M5.1(고도 10,000m) / M24+(고도 30,000m)

거워크

어깨가 주익보다 높은 위치로 접속된 보기 드문 거워크 형태. 핀포인트 배리어를 사용할 수 있으며, 주익은 전진각을 붙인 그대로가 된다. 배트로이드 형태 때 뒷면에 위치한 스러스터는 동체 아래쪽으로 배치된다.

배트로이드

완전 전방위 모니터 채용은 아니지만 콕핏 내부 면적의 대부분을 광시야각 모니터로 덮어 상당히 넓은 시야각을 제공하는 등 사각의 최소화를 위한 배려가 되어 있다.

파이터

전진익과 카나드의 병용으로 대기권 내에서의 기동성을 추구한 형태. 가장 큰 특징인 전진익은 가변익이며 동체와 거의 병행하게 후퇴시킬 수도 있다. VF-5000 이후의 VF와 마찬가지로 머리의 레이저 기총은 동체 상면에 노출되어 후방경계, 방어용으로 사용할 수 있다. 고속형태는 저항을 받는 날개를 접은 형태를 취하고 있고, 패스트팩과 폴드부스터는 고속이동과 다양한 무장 탑재를 더해준다.

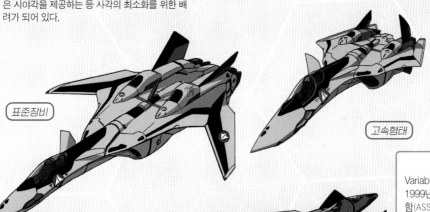

표준장비

고속형태

패스트팩+폴드부스터 장비

가변전투기

Variable Fighter
1999년 지구에 떨어진 외계인의 거대 전함(ASS-1, 이후 '마크로스'로 불리운다)이 가져온 오버 테크놀로지에 의해 개발이 가능해진 전투병기. 시작은 거대 외계인을 상대하기 위한 병기로서 개발되었다. 전황에 따라 전투기 형태의 파이터, 인간 형태의 배트로이드, 그 중간 형태인 거워크 형태로 변형한다.

YF-21 파일럿: 걸드 고어 보먼

"슈퍼 노바 계획"에서 제네럴 갤럭시사가 개발한 시험제작기. 뇌파를 통해 파일럿의 뇌와 기체를 싱크해 파일럿의 생각만으로도 기체를 자유자재로 조종하는 B.D.I 시스템이 적용된 것이 가장 큰 특징이다. 지구인과 젠트라디의 기술을 가장 잘 융합한 기종으로 손꼽힌다. 대량의 무장을 기체 내부에 탑재할 수 있고, 필요하다면 전용 FAST팩 장착도 가능하다.

스 펙　전장: 19.62m, 전고: 4.04m
전폭: 15.36m, 공허중량: 9.55t
최대속도: M5.06+(고도 10,000m), M21+(고도 30,000m 이상)

배트로이드
젠트라디의 배틀슈츠 기술이 도입되어 기존 발키리 시리즈와는 전혀 다르며, 바디라인은 쿼드론 로의 이미지이다.

표준장비

고속형태

패스트팩+폴드부스터 장비

거워크
주기의 3차원 노즐을 좁히고 동체 하면의 호버노즐에 출력을 할당하고 있다. 발 부분의 VTOL 노즐은 주기와 다른 거워크 배트로이드 전용이다. 파이터에서는 수납되던 사지를 전개한 거워크 형태.

파이터
패스트팩은 미익 하단과 동체 하면에 장착하는 컴팩트 팩으로 외견으로 판별하기는 어렵다. 주익 등의 외장은 사이즈와 형태를 의도적으로 변경 가능하다. 날개의 형상화와 상하 가동에 의해 공력 특성을 변화시킬 수 있고, 기동성은 고기동 미사일조차 회피 및 무력화할 수 있다.

VF-11B 썬더볼트

VF-1 발키리의 정식 후계기로 2030년~40년대의 통합군 주력 양산기이다. VF-11A의 개량형으로 엔진 추력 상승과 외관 일부가 달라졌다. 개성적인 특징은 없지만, 양산기에 걸맞는 저렴한 비용에 생산이 용이하며, 다루기 편하고 정비하기도 쉽다. 발키리의 특징인 폭넓은 확장성에 충실한 기체이다.

파이터

거워크

배트로이드

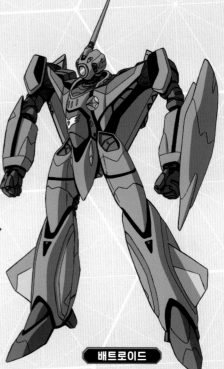

VF-19 카이 엑스칼리버 - 넥키 바사라 스페셜

'프로젝트 M'의 일환으로 마크로스7선단에서 VF-19 를 기반해 개량한 기체, 통칭 파이어 발키리. 무장은 있지만 주 용도는 파일럿의 노래와 연주를 적에게 전달하는 것에 있다. 노래 에너지로 전투의지를 감퇴시키기 위한 오디오 시스템을 탑재했다.
락밴드 "Fire Bomber"의 넥키 바사라에게 맡겨져 밴드 멤버와 그 탑승기로 구성된 사운드포스의 중핵 기체로 바로타 전역의 귀추에 극적인 영향을 주게 된다.

스펙

전장: 18.47m 전고: 15.48m(배트로이드 센서핀 미포함함)
전폭: 14.92m 공허중량: 8,400kg
최대속도: M5.5+(고도 10,000m), M25+(고도 30,000m 이상)

사운드 부스터

바사라 전용 사운드 부스터.
사운드 오라 증폭 발진 시스템과
시공공진형 사운드 에너지 발진 시스템
을 탑재한 VF-19 카이의 장비. 사운드 부스
터 장비시에는 프로토데빌룬을 격퇴하고 세
뇌를 해제하는 효과를 지닌 사운드 빔(노래 에너
지) 발사가 가능하다.

배트로이드

배트로이드 형태는 노래를 위한 필수형태이다. 바라사의 "입이 없으면 노래를 못한다"는 주장에 따라 얼굴에 입을 만든 것이 특징이다.

파이터

카나드와 전진익 조합은 시험제작기 YF-19에 가깝고 엔진도 강화되었다. 파이터 형태는 일반 기체보다 월등히 다루기 어렵다.

거워크

좁은 조종석에서 기타를 연주할 수 있게 콕핏 시트는 일반 VF-19 보다 조금 뒷쪽으로 배치. 아일랜드 내에서의 통상 운용 때문에 거워크 형태는 자주 이용된다.

사운드포스 소속 기체

VF-11 MAXL 카이 밀레느 전용기

Fire Bomber의 베이시스트 밀레느 전용기. 특수전 사양인 VF-11MAXL에 사운드 시스템을 탑재하여 밀레느 전용으로 튜닝한 기체이다.
카나드를 부착한 델타윙으로 VF에서는 보기 드문 스타일의 파이터 형태. 거워크 형태에서는 날개 끝이 아래로 향한다. 저공역에서의 공력특성이 개선된 모습이다.

스펙

전장: 15.48m(파이터) 전고: 11.24m(배트로이드)
공허중량: 7,900kg

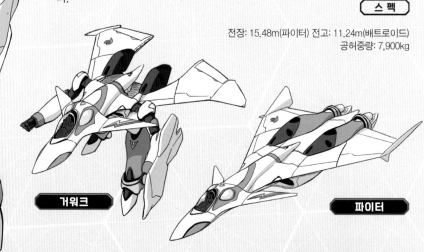

거워크

파이터

배트로이드

VF-17T 나이트메어 카이

파일럿: 레이 러브락, 비히다 피즈

레이와 비히다가 동승하는 기체. 복좌연습기인 VF-17T를 베이스로 사운드 시스템 등을 탑재하고 있다. 복좌 기체라서 파이터 형태 시의 기수는 일반적인 VF-17보다 길다. 기수의 연장으로 중심 위치는 전방으로 기울어져 있는데, 거워크 형태에서의 자세는 일반 기체와 동일하다.

스펙

전장: 16.13m(파이터) 전고: 15.65m(배트로이드)
공허중량: 12,200kg

파이터

거워크

배트로이드

VF-17D 나이트메어

특수 작전용으로 개발된 발키리로 스텔스 성능과 고화력을 갖추고 있다.
F-117 스텔스 전투기에서 가져온 디자인 때문에 스텔스 발키리로 불린다.

배트로이드

파이터

거워크

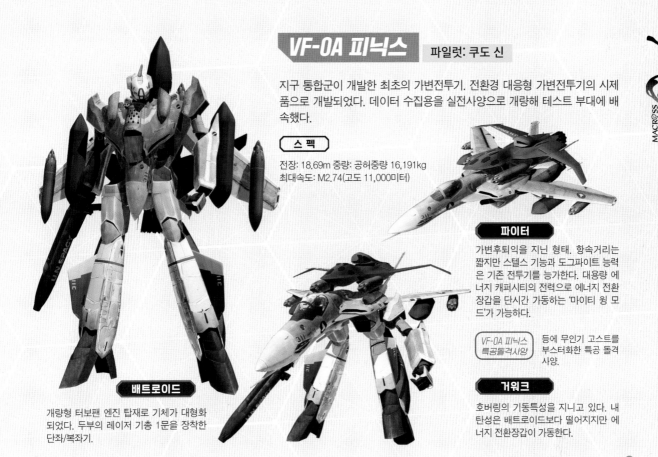

VF-0A 피닉스   파일럿: 쿠도 신

지구 통합군이 개발한 최초의 가변전투기. 전환경 대응형 가변전투기의 시제품으로 개발되었다. 데이터 수집용을 실전사양으로 개량해 테스트 부대에 배속했다.

스 펙

전장: 18.69m 중량: 공허중량 16,191kg
최대속도: M2.74(고도 11,000미터)

파이터

가변후퇴익을 지닌 형태. 항속거리는 짧지만 스텔스 기능과 도그파이트 능력은 기존 전투기를 능가한다. 대용량 에너지 캐퍼시티의 전력으로 에너지 전환장갑을 단시간 가동하는 '마이티 윙 모드'가 가능하다.

VF-0A 피닉스 특공돌격사양 등에 무인기 고스트를 부스터화한 특공 돌격 사양.

배트로이드

개량형 터보팬 엔진 탑재로 기체가 대형화되었다. 두부의 레이저 기총 1문을 장착한 단좌/복좌기.

거워크

호버링의 기동특성을 지니고 있다. 내탄성은 배트로이드보다 떨어지지만 에너지 전환장갑이 가동한다.

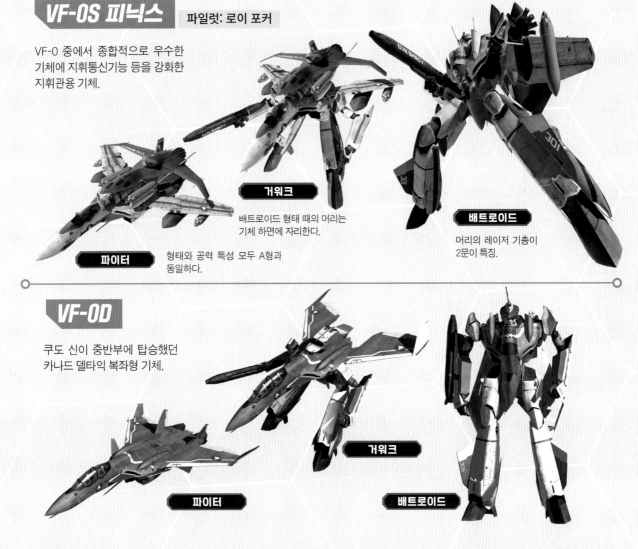

VF-0S 피닉스   파일럿: 로이 포커

VF-0 중에서 종합적으로 우수한 기체에 지휘통신기능 등을 강화한 지휘관용 기체.

거워크

배트로이드 형태 때의 머리는 기체 하면에 자리한다.

파이터

형태와 공력 특성 모두 A형과 동일하다.

배트로이드

머리의 레이저 기총이 2문이 특징.

VF-0D

쿠도 신이 중반부에 탑승했던 카나드 델타익 복좌형 기체.

거워크

파이터

배트로이드

VF-25F 메사이어
파일럿: 사오토메 알토

초무인기급 성능을 지닌 YF-24 에볼루션을 베이스로 마크로스 프론티어 선단에서 개발된 기체. YF-24에 탑재되었던 관성 변환 시스템(ISC)이 탑재되어 대폭 향상된 추력대중량비에서 오는 파일럿의 부담을 경감시켜준다. 스테이지II 열핵 반응로 터빈엔진, EX 기어 시스템 등으로 성능은 VF-19와 VF-22는 물론 최신형 무인기도 능가한다.

스펙
전장: 18.72m, 전고: 4.03m(파이터 / 주각 미포함)
전폭: 15.50m(주익 전개시)
공허중량: 8,450kg
최대속도: M5.0+(고도 10,000m)

거워크
지표 근처의 고속 이동과 체공에 적합한 모드. 다리의 추진기를 역분사하여 급감속시 켜도 ISC 기능이 충분히 발휘된다.

파이터
VF-1과 유사한 가변후퇴익, VF-5000을 연상시키는 블렌디드 윙 바디를 특징으로 하는 순항, 비행, 고속전투 모드.

배트로이드
F형은 머리 부분의 레이저 기관총 2문이 특징이다.

VF-25S 메사이어
파일럿: 오즈마 리

VF-25 메사이어 배리에이션 중 지휘관 사양에 해당되는 모델이다. 편대지휘 시스템을 탑재하고 엔진 튠업 등이 가해진 고기능 모델이다. S.M.S에서는 스컬 소대장 오즈마 리의 탑승기. 아머드팩 탑재로 실전 투입되는 경우가 잦다.

배트로이드
S형은 머리 부분의 레이저 기관총 4문이 특징이다.

스펙
전장: 18.72m, 전고: 4.03m(파이터 / 주각 미포함)
전폭: 15.50m(주익 전개시)
공허중량: 8,450kg
최대속도: M5.0+(고도 10,000m)

거워크
VF-11 이후의 거워크 형태의 기본형을 계승하고 있다. 오버링크 기능으로 급격한 방향전환이 가능하다.

파이터
VF-1 직계 싱글 디자인 파이터 형태. 블렌디드 윙 바디를 채용해 카나드는 장착하지 않는다. 주익에 장비되는 무장은 빔과 실체탄을 선택할 수 있다.

VF-25 배리에이션

VF-25S 메사이어 〔아머드팩 장비〕

중무장, 중장갑 장비를 추가한 VF-25S. 추가 장갑도 에너지 전환 장갑으로 최대 효율 총가동시에는 준순양 우주전함의 장갑에 필적하다고 한다.

배트로이드

거워크

파이터

VF-25S 메사이어 〔슈퍼팩 장비〕

우주에서의 고기동을 상정한 장비로 부스터, 장갑, 무장 등을 일체화한 장비를 탑재한 사양.

VF-25F 메사이어 〔토네이도팩 장비〕

劇場版 マクロスF 超時空歌姫 ～イツワリノウタヒメ～

배트로이드

파이터

거워크

〔대기권내 모드〕 대기권내에서의 운용효율을 높인 장비로, 우주 운용시와 완전히 별도의 기체가 아니라, 마이크로미사일 포드와 엔진 포드 부분의 연료탱크 제거나 파워콘덴서 부분 냉각유닛의 폐쇄 등이 변경점이다.

배트로이드

파이터

거워크

〔대기권외 장비〕 토네이도 팩은 VF-25전용으로 시작품이 개발된 대기권 내외 양용의 슈퍼파츠이다. 선회식 연장 빔포를 장착해 우주용 슈퍼팩 이상으로 무장과 냉각기구가 충실하고, 공력특성을 배려한 형상이 특징이다.

YF-29 듀란달 | 파일럿: 사오토메 알토

프론티어 선단이 대 바즈라 결전용 시제품으로 개발한 VF. VF-25를 기반으로 하며 스테이지III 열핵반응로 터빈엔진 4개와 바즈라에게서 모은 폴드쿼츠로 공격력과 에너지 실드가 대폭 강화되었다.

전장: 18.73m, 전고: 3.88m(파이터)
전폭: 14.15m(주익 전개시)
공허중량: 15,620kg(우주공간장비 미포함)
최고 속도: M5.5+(고도 10,000m)

거워크

YF-19처럼 전진익과 카나드가 있지만 그 이외는 VF-25에 가까운 구조이다.

배트로이드

토네이도 팩 장비 데이터가 반영되어 등의 연장 빔포와 엔진 배치에 그 영향이 현저하게 드러나 있다.

파이터

일반 인간용 기체이면서도 사이보그용 VF-27을 뛰어넘는 기동성을 발휘한다. 에너지 전환 장갑도 상시 풀작동 가능하다.

YF-29 듀란달

슈퍼팩 장비 슈퍼팩을 탑재해 폴드파 프로젝터를 전개한 상태. 란카의 노래를 바즈라에게 전달하기 위한 장비이기도 하다.

대기권내 모드

대기권내 운용시의 장비. 공기저항 문제로 폴드파 프로젝터 안테나는 수납한다.

배트로이드

거워크

파이터

대기권외 장비

배트로이드

거워크

파이터

바즈라

바즈라 퀸이 중심이 된 곤충과 비슷하게 생긴 외계 생물이다. 외형이나 특성이 굉장히 다양한데, 높은 전투력과 공방 능력을 지니고 있다. 개체들이 서로 폴드파를 통해 교신하는 네트워크 생물이라고 할 수 있다. 체내에 기생한 폴드세균에 의해 폴드 통신을 할 수 있다. 2040년에 인류와 처음 접촉했고, 2059년에는 "바즈라 전역"이 생겼다. 폴드 세균은 "바르 신드롬"의 원인이기도 하다.

개체

대형 바즈라

전장 30m 정도의 전투 바즈라의 표준개체. 생체 빔포와 에너지 전환장갑을 지닌다.

소형 바즈라

전투 바즈라의 단말개체로 가장 개체 수가 많다. 소형이지만 가변전투기와 동등한 공격력을 지닌다.

공모 타입

나이트급 공모형 바즈라

동체가 위아래로 벌어지고 열린 부분에서 대출력 빔을 방출한다. 내부에 다수의 바즈라가 서식하고 있어, 함재기처럼 운용한다

비숍급 공모형 바즈라

매우 큰 대형 개체로 내부에 바즈라 준여왕이 번식활동을 하는 둥지가 있다. 나이트급을 데리고 함대전이 가능하다. 빔포와 대공포를 지니고 있다.

구축함형 바즈라

전투함 형태로 기동성이 뛰어나다. 소형 빔포와 마이크로 미사일 등을 갖추고 있다. 폴드 항해도 가능하다.
(*TV판에 미등장, 극장판에만 등장)

중전함형 바즈라

기함 역할을 담당한다. 마크로스 캐논포에 맞먹는
위력을 지닌 빔포와 폴드 배리어를 갖추고 있어 공
방 능력이 모두 뛰어나다.
(*TV판에 미등장, 극장판에만 등장)

여왕 타입

여왕 바즈라

바즈라 무리를 통솔하는 개체. 사이
즈가 수십 수백 킬로미터나 된다. 네
트워크의 중핵인 존재이며 지구형
행성에 둥지를 짓는다.

준여왕 바즈라

이동요새형 둥지에 존재하는 개체. 각 집단을 이끌고 우주를
방랑하며, 둥지 건설에 적절한 행성을 발견하면 착륙해 둥지를
만든다. 개체로서의 전투력도 높다.

VF-31 배리에이션
VF-31J 지크프리드
파일럿: 하야테 임멜만

스 펙

전장: 19.31m 전폭: 14.14m 전고: 3.85m(파이터)
배트로이드 시 전고: 15.33m(레이저 기관총 미포함)
공허중량: 8,525kg(다목적 컨테이너 미장비시)
최고속도 M5.5

거워크

전진익을 채용해 비행시 안
정성은 낮지만 기동성이 뛰
어나다. 왈큐레의 라이브
연출과 방어에 사용하는 멀
티 드론 플레이트 전개도
가능하다.

파이터

다목적 컨테이너는 무장을
수납한 상태에서도 운용된
다. 공중전에서는 수납상태
로 운용될 때가 많다.

배트로이드

빔 캐논 포드를 분리해
소총처럼 사용할 수 있
다. 양 팔의 고정화기인
빔 건은 사용시 톤파처
럼 회전한다.

VF-31J 카이 지크프리드

파괴된 VF-31J 대신 하야테에게 주어진 동형 개조기.
플라이트 시스템 튜업, AI를 싫어하는 하야테에게 맞
춘 튜닝이 되어 있다.

스 펙

전장: 19.31m 전폭: 14.14m 전고: 3.85m(파이터)
배트로이드 시 전고: 15.33m (레이저 기관총 미포함)
공허중량: 8,525kg(다목적 컨테이너 미장비시)
최고속도 M5.5

파이터

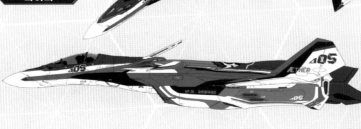

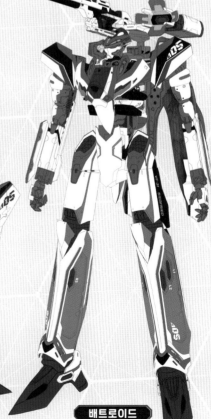

배트로이드

VF-31S 지크프리드

파일럿: 아라드 뮐더스

지휘관 사양으로 통신기기와 무장(머리의 레이저 기관총 4문)이 강화되었고, 기체 성능을 극한까지 이끌어내도록 커스터마이즈 되어 있다.

스펙

전장: 19.31m 전폭: 14.14m 전고: 3.85m(파이터)
배트로이드 시 전고: 15.33m (레이저 기관총 미포함)
공허중량: 8,542kg(다목적 컨테이너 미장비시)
최고속도 M5.5

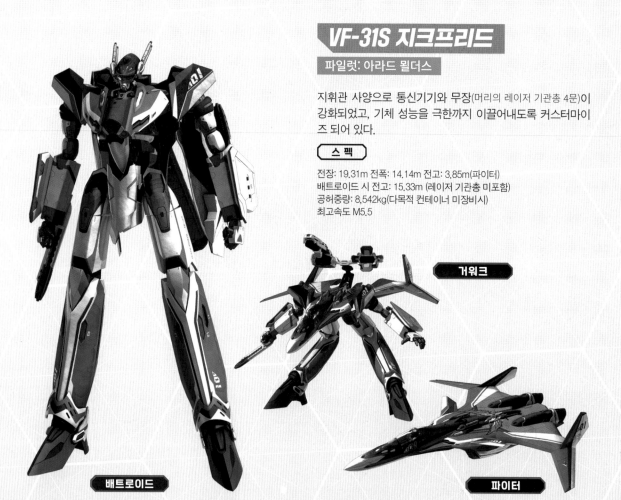

거워크

배트로이드

파이터

VF-31C 지크프리드

파일럿: 미라쥬 파리나 지너스

S형 다음으로 지휘관제 능력과 밸런스를 잡은 것이 특징이다. 멧서기와 하야테기의 중간위치로 각 기를 지원한다.

스펙

전장: 19.31m 전폭: 14.14m 전고: 3.85m(파이터)
배트로이드 시 전고: 15.33m (레이저 기관총 미포함)
공허중량: 8,531kg(다목적 컨테이너 미장비시)
최고속도 M5.5

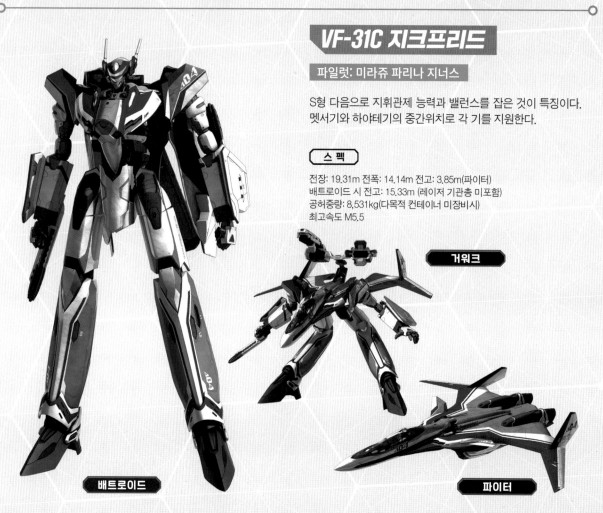

거워크

배트로이드

파이터

VF-31E 지크프리드

파일럿: 척 머스탱

델타소대의 조기경계 임무를 담당하는 척 머스탱 기체. 다목적 컨테이너에 정찰용 레이돔을 표준탑재한다. 탐색, 분석용 기기가 충실하다.

스펙

전장: 19.31m 전폭: 14.14m 전고: 3.85m(파이터)
배트로이드 시 전고: 15.33m (레이저 기관총 미포함)
공허중량: 8,525kg(다목적 컨테이너 미장비시)
최고속도 M5.5

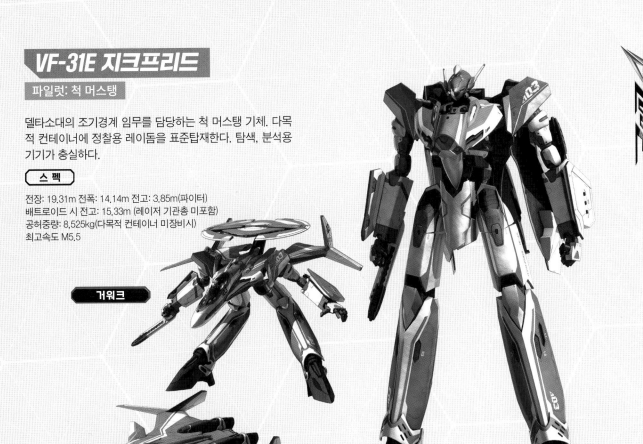

거워크

파이터

배트로이드

VF-31F 지크프리드

파일럿: 멧서 일레펠트

사신을 나타내는 엠블렘이 특징이다. 특출난 멧서의 기량에 맞춰 고기동 전투용 조정이 설계 극한까지 되어 있다.

스펙

전장: 19.31m 전폭: 14.14m 전고: 3.85m(파이터)
배트로이드 시 전고: 15.33m (레이저 기관총 미포함)
공허중량: 8,531kg(다목적 컨테이너 미장비시)
최고속도 M5.5

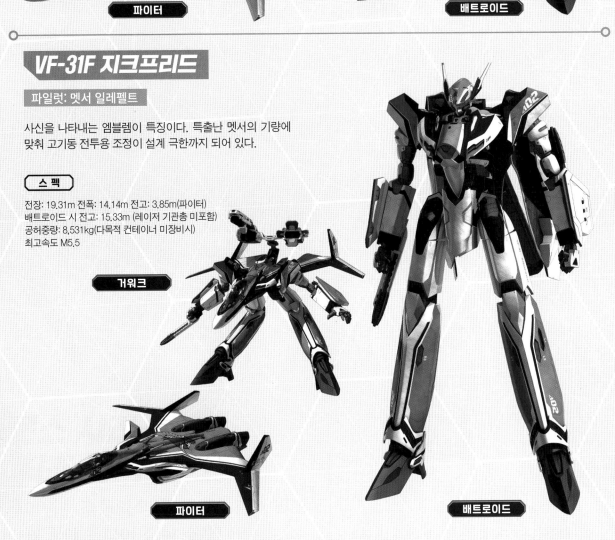

거워크

파이터

배트로이드

Sv-262Hs 드라켄III

파일럿: 키스 에어로 윈더미어

가변전투기 중 Sv코드의 기체는 VF계열 개발과는 계보를 달리하는 Sv-51에서 유래한 반통합동맹 계보의 개발기관에서 만든 기체이다.

가변전투기를 자체 제조할 능력이 없는 윈더미어 왕국은 무기상인 입실론 재단으로부터 기체를 공급받는다. 기체 제조는 제너럴 갤럭시의 산하 부선인 'Sv 워크스'에서 담당했다.

배트로이드

기수가 머리가 되고, 좌우 인테이크가 접합해 흉부가 되는 등 기존 발키리와는 다른 변형 구조를 보여준다.

파이터

양팔은 직렬로, 다리는 옆으로 눕혀 수납하지만, 엔진 노즐을 중앙에 밀착시켜 단발기 같은 외관을 보여준다.

거워크

방향전환이 가능한 빔 건포드는 거워크 모드에서는 동체 상부에서 회전 포탑 기능을 한다.

Sv-262Ba 드라켄III

파일럿: 보그 콘 바르트

Sv-262의 일반형. 양 날개에 부착된 무인기 릴 드라켄은 전투 시 임의로 분리하여 적을 공격하는 용도로 사용하거나 전자전, 정찰에도 사용 가능하다. (키스 기체와 공통)

거워크

배트로이드

보그 콘 바르트

성우: KENN

파이터

VF-31AX 카이로스 플러스

파일럿: 하야테 임멜만

스 펙
전장: 19.31m(다목적 컨테이너 유닛 미장비)
전폭: 13.53m 전고: 3.58m(파이터)
공허중량: 7,342kg(다목적 컨테이너 유닛 미장비)
최고속도: M5.5+(고도 10,000m)

거워크
주익 형태 변화의 영향이 적어 지크프리드와 조종성에 큰 차이가 없다. 다목적 컨테이너의 표준무장은 변경되어 있다.

파이터
대형 카나드와 도그투스가 부착된 크로스 커플드 델타에 의해 지크프리드와는 공력 특성이 크게 변화했다.

배트로이드
버추얼 콕핏이 작동하여 사각이 없는 전방위 시야를 제공한다.

슈퍼팩 장비

아머드팩 장비

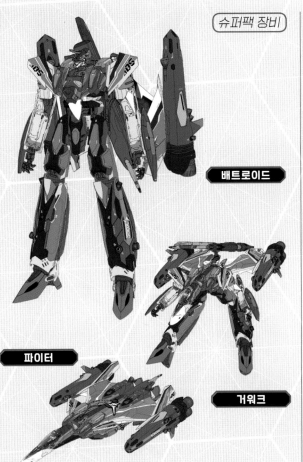

배트로이드

파이터

거워크

배트로이드

파이터

거워크

VF-31AX 카이로스 플러스 아라드 기

VF-31S와 동일 사양이며 머리의 레이저 기관총을 4문으로 한 아라드의 기체이다. 지휘통신 기능에도 뛰어나다.

배트로이드

거워크

파이터

VF-31AX 카이로스 플러스 미라쥬 기

델타소대의 카이로스 플러스기로는 유일하게 레이저 기관총이 2문이다. 부지휘관기.

배트로이드

거워크

파이터

VF-31AX 카이로스 플러스 척 기

정보수집, 분석능력 특화 모델. 머리는 카이로스용을 기본으로 센서 계통을 바꿔 장착하고 강화했다.

배트로이드

거워크

파이터

VF-31AX 카이로스 플러스 보그 기

케이오스에 입대한 윈더미어 공중기사단의 보그 콘 바르트의 기체. 기체 등쪽에 공중기사단 엠블렘이 그려져 있다.

배트로이드

거워크

파이터